国家自然科学基金面上项目 (71673195)
农业农村部、中央农办乡村振兴规划咨询项目（RKX
四川省社会科学研究"十二五"规划项目（SC14B048
四川农业农村经济改革发展研究智库
四川省农村发展研究中心

农民专业合作社社长声誉与社员信任

——从信任建立到信任深化

President Reputation and Members' Trust of
Farmers' Specialized Cooperative:
from Establishment to Deepening of Trust

王　燕　傅新红　曾维忠◎著

经济管理出版社
ECONOMY & MANAGEMENT PUBLISHING HOUSE

图书在版编目（CIP）数据

农民专业合作社社长声誉与社员信任：从信任建立到信任深化/王燕，傅新红，曾维忠著．—北京：经济管理出版社，2021.3

ISBN 978 - 7 - 5096 - 7854 - 1

Ⅰ.①农…　Ⅱ.①王…　②傅…　③曾…　Ⅲ.①农业合作社—专业合作社—研究—中国　Ⅳ.①F321.42

中国版本图书馆 CIP 数据核字（2021）第 045778 号

组稿编辑：曹　靖
责任编辑：曹　靖　郭　飞
责任印制：黄章平
责任校对：陈　颖

出版发行：经济管理出版社
　　　　　（北京市海淀区北蜂窝 8 号中雅大厦 A 座 11 层　100038）
网　　　址：www. E - mp. com. cn
电　　　话：（010）51915602
印　　　刷：唐山玺诚印务有限公司
经　　　销：新华书店
开　　　本：720mm×1000mm/16
印　　　张：13.25
字　　　数：220 千字
版　　　次：2021 年 3 月第 1 版　　2021 年 3 月第 1 次印刷
书　　　号：ISBN 978 - 7 - 5096 - 7854 - 1
定　　　价：88.00 元

本书参著人员

王　燕　　傅新红　　曾维忠　　张社梅

刘宇荧　　唐曼萍　　胡　晓　　谢　露

杨　覃　　成　銮　　杨　春　　杨庆先

邓　茜　　张必忠

前　言

农民专业合作社作为新型经营主体，是产业振兴的重要参与者。农民专业合作社自《中华人民共和国农民专业合作社法》正式实施以来得到了快速的发展，国家相继出台政策大力支持合作社的发展。在国家的高度重视、政策的大力支持下，合作社的发展之势难以阻挡。但是，在当下农民专业合作社成员间还存在着合作意愿有待进一步提升、内部凝聚力有待进一步加强、合作关系有待进一步紧密的诸多需求，增强合作社成员间信任程度、加强内部治理效能是解决上述问题的重要路径。社长声誉和成员间信任关系的建立具有密不可分的关系，在合作社的发展过程中，成员间信任关系的建立是人与人之间实现合作的基础，也是合作社和谐运转的前提之一，不仅能够减少达成合作的摩擦力，而且起到了拓展人的场域的作用。而社长声誉是一种信号机制，良好的声誉可以增加其承诺的可信度，同时也是一种无形资本，能够给社长带来更多潜在信任，二者在一定条件下可以实现良性互动。综观国内外的研究，学者已经普遍意识到两者的重要性和相关性，独立研究信任关系和声誉的文献数量呈井喷式增长，但是对两者关联性的研究却相对较少，已有研究中对于两者之间的关系更是众说不一，有学者认为声誉影响信任，也有学者认为信任影响声誉，甚至有学者认为信任和声誉是互为影响的。本书立足于国家重视且大力发展农民专业合作社的基础上，着眼于学术界对于信任关系和声誉两者之间关系不确定性的背景下，分析社长声誉和成员间信任关系两者之间的确切关系，为加强社长声誉的自我管理、实现合作社社长和社员间信任形成到深化的快速转变、提高合作社治理效率提供建议。

本书构建了社长声誉分析模型与测度体系。运用利益相关者理论梳理利益相关群体对社长的利益诉求，构建社长能力、社长业绩和社会影响三大声誉测量维度。以角色理论为基础，将社长声誉形象化融入到社长在合作社所扮演的角色中，以社长工作角色为桥梁搭建利益相关者对社长声誉的评价体系。

本书研究了农民专业合作社社长声誉对社员信任建立的影响机理。以前景理论为基础，从前景选择的"编辑—评价"心理变化过程，构建"发生—强化—稳定"的成员间信任形成动态过程，从信任感知、合作维持和情感认同三大维度，采用结构方程模型分析社长声誉与合作社成员间信任建立的传导关系。研究表明：①在信任组间（信任感知）阶段，社长个人综合能力、社长的业绩以及产生的社会影响作为社长声誉良好的信号被传播、感知，能够促进信任的快速产生。②在合作维持阶段，随着合作的深入，社员对社长个人能力需求逐渐淡化，更加追求合作得到的效果和好处，此时管理业绩和产生的社会影响作为新一轮社长声誉的体现促进合作的维持。③在信任形成（情感认同）阶段，管理业绩和社会影响不断满足社员的期望和需求，对社长的情感不断升华，表现出忠诚、满意等情感认同特征，此时的信任得以稳定。

本书研究了农民专业合作社社长声誉对社员信任深化的影响机理。利用心理契约理论构建社长声誉对社员信任深化的影响机理框架，从社员对社长心理契约的形成与履行过程，探究社长声誉通过关系质量对社员信任深化的影响路径。构建社长声誉—关系质量—信任深化结构方程模型，分析社长声誉、关系质量、信任深化三者及其彼此间的作用路径。研究表明：①在社长声誉对社员忠诚影响机理的具体过程中，社长声誉可通过关系质量这个中介变量对社员忠诚间接产生正向影响，也可直接正向作用于社员忠诚，但相较而言，通过关系质量的间接影响比直接影响社员忠诚更为明显。②在社长声誉通过关系质量影响社员忠诚的过程中，社员对社长的满意与信任可以相互影响和转化；在社长的声誉中，社长的管理业绩对关系质量的正向影响最为明显；而社长能力对关系质量的影响最弱，可见社长综合能力还有所欠缺。③关系质量对社员忠诚的影响中，相较于关系满意，关系信任对社员情感忠诚、行为忠诚以及规范性忠诚的正向影响更为明显，更能促进社员忠诚的产生。

基于上述结论，研究认为在社长声誉与社员信任建立和深化的过程中，应注重提升社长个人综合能力与业绩，加强社员的合作意愿；重视管理业绩表现和形象打造，加深合作关系；及时转变社长角色，顺应合作社的发展推进；合理选择社长领导风格，建立深厚感情链条；做好传承与发展，延续合作社生命力。

本书的创新之处在于：

第一，构建了"信任建立—信任深化"的信任关系动态演进分析。"信任建立—信任深化"的过程并非一蹴而就；当信任关系建立后，也不一定能得到深化。信任发展路径直接影响着信任程度的提升，有别于以往的静态分析，研究从"信任建立—信任深化"的动态演进过程探讨了声誉和信任关系的因果关系。

第二，引入"工作角色"作为中间变量，多维度测量社长声誉。由于声誉作为一种态度结构，度量十分困难，导致对声誉的实证研究十分有限。鉴于社长声誉建立的复杂性，单一维度的声誉结构不足以充分衡量。研究以多维度视角解剖声誉内在结构和机理，综合考虑声誉的资产、信号及态度观点，以态度结构作为基本框架，对声誉维度进行分解。由于声誉表现为一种心理、能力、个性等内在特征，这些内在特征难以观测和理解。研究引入"工作角色"作为中间变量，探寻社长与社长声誉之间隐含的"动机—角色（行为）—表现"的内在关系，全面了解社长声誉的形成路径和过程，并通过这种外在的、便于观察的中间变量来衔接声誉表现和其内在特征，将社长声誉的形成过程用更直观、更便于观测的方式表达出来，使研究更加具体形象，加强社长声誉形成过程的可识别度和可管理度。

第三，引入"成员合作"作为调节变量，分析社长声誉与成员间信任建立的传导关系链。以前的研究人员是将声誉作为一个变量对信任关系的建立进行关系分析，没有将声誉视为研究对象来揭示其对信任关系的影响机理。本书在对信任关系进行度量时，引入"成员合作"作为中间变量，通过对"信任组建（信任感知）—合作维持—信任形成（情感认同）"的合作行为进行分析，分析社长声誉与社员信任建立的传导关系链。

第四，引入"关系质量"作为中介变量，运用心理契约解释社长声誉对成员信任深化的影响机理。声誉对信任深化作用关系的已有研究重点在分析影响信任深化的源头因素，即声誉驱动因素；很少有学者将研究重点落到声誉与信任深化中间的影响过程当中，没有阐明声誉是如何通过驱动因素来对信任深化产生影响的。研究把声誉对信任深化的作用过程认为是一种"感知—形成—履行"的心理契约形成与履行过程，将"关系质量"作为中介变量，从关系满意和关系联结两个方面进行研究。

目　录

第1章 绪 论

1.1 研究背景

自 2007 年 7 月 1 日《中华人民共和国农民专业合作社法》正式实施以来，我国各地农民专业合作社蓬勃发展，农民专业合作社作为一种使"小农户"进入"大市场"的有效组织制度安排，在促进产业结构调整、增加农民收入、提高农民抵御市场风险的能力以及普及科学知识和提高农户素质等方面发挥着重要作用，是走有中国特色农业现代化道路的重要载体。党的十七届三中全会以后，农民专业合作社地位和作用越来越受到重视，后继召开的党的十八届三中全会在《中共中央关于全面深化改革若干重大问题的决定》中"四个鼓励"指出"鼓励承包经营权在公开市场上向专业大户、家庭农场、农民专业合作社、农业企业流转，鼓励和引导工商资本到农村发展适合企业化经营的现代种养业，鼓励农村发展合作经济，鼓励社会资本投向农村建设"。"六个推进"又指出"推进家庭经营、集体经营、合作经营、企业经营等共同发展的农业经营方式创新"。2019 年中央一号文件更是首次强调合作社经营模式，指出要开展农民专业合作社规范提升行动，深入推进示范合作社建设，建立健全农民专业合作社发展的政策体系和管理制度。国家对合作社的发展在政策上提出支持并给予了重视，其地位和作用得到了进一步的升华和提高，发展步伐不断加快。2019 年底，全国依法登记的农民专业合作社达 220.7 万家，是 2012 年的 3.2 倍，2007 年的 85 倍，特别是近 5 年，年均增速达 37.2%。全国入社农户超过 1 亿户，占全国总农户数的 46.8%，社均成员约 60 户。这些农民专业合作经济组织围绕当地农业的发展，为广大农户提供农资供应、产品加工、产品销售、市场信息、技术交流等服务，有的还起到了统一品牌、调控价格和利益协调的作用，不仅保护了农民的利益，而且增强了农业的竞争力，发展农民专业合作社具有重要意义。

我国农民专业合作从 20 世纪 80 年代初的试点试验阶段到 2007 年《农民专业合作社法》实施后的蓬勃发展阶段，再到 2018 年新修订的《农民专业合作社法》正式实施，进入高质量发展阶段，对合作社发展的要求也从萌芽自发到建章立制再到换挡提质。总体上看，目前我国合作社规模势头较好，但是还存在着组织缺少凝聚力、经营效率不高、发展质量不好的问题，合作社的发展重心已从数量增长向质量提升转变。而对目前合作社在发展过程中存在的问题进行分析，究其原因，主要有两方面：一方面，成员多数缺乏专业知识，不能有效地参与组织管理，很多合作社都是发起人自行管理，农民对合作社事物不参与导致人力资源缺乏使其并没有发挥应有的作用；另一方面，成员对合作社和其领导人信任程度较低，不投资不入股造成合作社资金缺乏。这两个重要问题均体现了"人的因素"的重要性，合作社发展的基础是成员，成员能够为组织源源不断地提供资本和低价原材料，保证合作社竞争能力。只有成员积极参与合作，愿意为合作贡献自己的力量才能保证组织发展，没有成员的参与和支持，合作社就没有长久的生命力。由于我国合作社遵循"入社自愿""退社自由"的原则，成员加入和退出合作社有着充分的自由，因此，合作社怎样吸引更多的社员加入，减少社员的退出对于合作社成功至关重要。在这一过程中，成员的团结和信任起着至关重要的作用，信任对成员行为有重要影响，进而影响组织稳定性和经营效率，而信任的缺失会导致合作的失败（刘宇翔，2012）。"信任"作为"人的因素"中一个很重要的部分，在影响成员的意愿和行为中发挥着重要的作用，合作社内部社员与社长之间的信任，能够增加社员对合作社的认同感和忠诚度，提升对合作社事务的参与度和积极性，并且通过这种信任关系的维持，能够达到增强内部凝聚力、减少社员退出的效果。有研究表明，在社员加入合作社时，往往会考虑合作社组织者是否是当地具有一定威望的农民、村里的党员或农村精英等因素，即会对合作社领导者声誉进行考量，在我国合作社中主要体现为对社长声誉的考量。在我国合作社发展中形成了一个具有以能人社长为核心的信任结构，社长的声誉在合作社的发展中起着"门面担当"的作用，无论是处于"熟人环境"还是"陌生环境"的社员加入合作社均会基于对社长声誉好坏的考量而做出行为选择，具有良好声誉的社长往往带来的是更多的社员加入、更强的合作关系、更有效的运营管理。因此，社长是合作社产生的逻辑起点，是合作社经营管理的灵魂人物，是对外承接各种资源、对内协调各项事务的关键点，社长的个人声誉和成员信任关系的建立对加强内部人的治理具有直接的作用，对合作社的持久和谐发展有着重要的作用，有必要对社长声誉与社长和成员间信任关系的建立进行探讨。

已有的大量研究表明，由于社长声誉和内部信任建立有着千丝万缕的联系，社长与社员是合作社内部人员的主要组成部分，在合作社的发展过程中，信任关系的建立是人与人之间合作的基础，也是合作社和谐运转的前提之一，不仅能够减少达成合作的摩擦力，而且能够起到拓展人场域的作用。而社长声誉是一种信号机制，良好的声誉可以增加其承诺的可信度，同时也是一种无形的资本，能够给社长带来更多的潜在信任，两者在一定条件下可以实现良性互动。有研究表明声誉影响信任（Zucker，1986；许淑华，2006；黄珺，2009），但是也有不少的学者有不同的看法，他们则认为信任影响声誉（张维迎，2003；柴玉梅、王黎明，2006；Bob 等，2006；孟召将，2011），甚至有学者认为信任和声誉是互为影响的（洪名勇、钱龙，2014）。此外，由于信息不对称以及社员自身文化程度低和专业知识差等问题，社员对合作社的了解是通过对社长的行为、能力、贡献等的认可和信赖来间接达到的，也就是说，社员基于对社长声誉的信赖来对合作社进行了解和参与，而社员在不了解之前，对于社长声誉有自己的心理预期，社员通过将社长在实际中表现出来的声誉状况与心理预期作对比，根据对比结果的一致性产生对社长是否满意及信任的认知，从而决定对社长的信任深化与否。目前，不同学者对声誉和信任的关系进行了研究并得出了不同的结论，但是对于两者之间的关系却依然没有进行明确说明。因此，社长声誉在社员信任深化的形成中，扮演着极其重要的角色，社长声誉对社员的参与与配合、合作社的内部治理及组织效率的提升具有重要的影响作用。针对学者对于声誉和信任关系之间关联性的研究较少,本书以农民专业合作社为研究对象,期望通过因果关系路径的分析找出合作社社长声誉与成员信任的影响路径,并试图从信任建立到信任深化的过程构建社长声誉对社员信任的影响机制模型,明确信任和声誉孰因孰果的争论,探讨社长声誉至信任关系建立再至社员信任深化的具体过程,为促进合作社内部管理的有效性提出切实可行的理论指导。

1.2 研究意义

1.2.1 探索社长声誉评价体系,拓展声誉理论应用范围

本书运用利益相关者理论和角色理论,通过对利益相关者的利益诉求进行整理分析,并以社长在合作社中所扮演的角色为中间变量,使其角色行为被利益相关者感知,从而量化社长声誉,结合大量理论知识和合作社实际情况,建立社长声誉评价体系,是对声誉理论的一次尝试性探索,将其运用于合作社中,拓展了声誉理论的应用范围。

1.2.2 丰富信任建立理论,为信任和声誉关系提供实证借鉴

本书以探讨信任建立的动态过程和构成要素为出发点,从信任建立的动态变化角度切入,依托前景理论指导思想,充分结合人的心理变化情况,了解信任"发生—强化—稳定"的过程,以探讨社长声誉与内部信任建立的动态变化过程,丰富了信任建立理论。基于声誉和信任两者的争论以及社长声誉与内部信任建立之间关系的不确定性,本书建立了社长声誉与内部信任建立的结构方程模型,通过实证分析探寻因果关系路径,克服了以往文献偏于理论分析的弊端,为学者的争论提供实证借鉴。

1.2.3 扩大声誉对信任深化影响研究的主体范围,拓展心理契约的应用领域

从已有的研究来看,关于声誉与信任深化关系的研究对象从主体上来看大多

针对企业与顾客以及企业与员工，主要是从组织声誉与人对组织信任深化的角度切入，对象是组织与个人，还没有学者基于人的声誉视角来研究人与人之间或人与组织之间的信任深化。而心理契约主要应用于员工与企业之间的雇佣关系以及市场营销中企业与顾客间的交易关系，对于团队中的合作关系还很少涉及。关于声誉、心理契约及信任深化，前人主要研究了三者之间的关系以及基于心理契约的视角培育与提升信任深化，而把声誉对信任深化的作用过程认为是一种心理契约形成与履行的过程，用心理契约来解释声誉对信任深化影响机制的研究还极少。因此，本书以心理契约理论为基础，通过探索社长声誉对社员信任深化的影响机制，试图扩大声誉对信任深化作用研究的主体范围，拓展心理契约的应用领域，为声誉对信任深化的影响机制研究提供新的参考视角。

1.2.4 构建社长声誉对社员信任深化的影响模型，探索社长声誉对社员信任深化的作用路径

本书从心理契约的视角来研究农民专业合作社社长声誉对社员信任深化的影响，把社长声誉对社员信任深化的作用过程视为社员对社长的心理契约形成与履行过程，充分借鉴参考以往学者对于企业与员工、企业与顾客间基于心理契约的双向信任深化研究，并参考心理契约违背的食言模型，通过对声誉与信任深化间的关系以及满意信任等中介变量的梳理，构建以心理契约理论为基础表现团队间合作关系的人与人之间的声誉与信任深化作用机制模型。

1.2.5 为合作社运用心理契约理论提升社长声誉、培育社员信任深化提供参考

本书基于心理契约理论的社长声誉对社员信任深化的影响机制研究，试图用心理契约的形成与履行来解释社长声誉对社员信任深化的作用过程，构建社长声誉对社员信任深化的影响模型，得到社长声誉与关系质量以及社员信任深化之间的关系。就社长本身而言，可根据对自身声誉的测量以及对社员信任深化的了解不断完善自我管理与声誉水平，提高在社员心中的威望，使社员对社长的心理契约更加牢固，建立与维护社员对社长的信任深化。对合作社来说可更加注重成员间心理契约的作用，从心理契约的角度加强成员间的合作关系，提升社长的管理

水平，提高社员信任深化程度，推进合作社的有序、稳定发展。对政府来说有助于培育内部制度及声誉制度完善的合作社，促进地区农业新型经营主体的培育与发展。

1.3　研究目标与主要内容

1.3.1　研究目标

本书的主要目标是分析社长声誉对社员信任的作用机制，首先揭示农民专业合作社内部治理的两大关键因素的因果关系路径；其次以前景理论为基础，探讨社长声誉与内部信任建立之间的内在逻辑关系；最后从心理契约的角度出发，探讨建立信任以后进入的"信任深化"阶段，社长声誉通过关系质量对社员信任深化的影响路径。揭示农民专业合作社内部治理的两大关键因素的作用过程，为合作社社长声誉的培育与社员信任深化的建立提供研究参考，从而加强合作社的内部管理，提升合作社的运作效率。本书的具体目标如下：

第一，在整理以往信任和声誉研究的文献基础上，构建一个关于社长声誉与内部信任建立的实证分析框架。

第二，以前景理论为基础构建社长声誉与社员信任建立的概念模型，进而搭建两者关系的结构方程模型，探寻社长声誉与社员信任建立的因果关系路径。根据实证研究结果，验证假设并对因果路径结果进行总结分析，找出社长声誉与社员信任建立之间的具体关系和影响因素。

第三，结合心理契约理论，借鉴前人基于心理契约的顾客忠诚形成模型与基于心理契约的双向信任深化循环概念模型，总结基于心理契约视角的社长声誉对社员信任深化的影响机理框架，包括："社长声誉—关系质量—社员信任深化"模型、"社长声誉—关系质量"模型和"关系质量—社员信任深化"模型。探讨了社长声誉通过作为中介变量的关系质量如何影响社员信任深化、社长声誉与其各个维度分别对关系质量和其各个维度的影响关系、关系质量及其各个维度分别对社员信任深化和各个维度的具体作用路径。

第四，根据实证研究结果，总结分析基于心理契约视角下社长声誉对社员信任深化的具体影响过程，为社长声誉与社员信任深化的有效管理以及培育提供心理契约方面的参考依据，从而进一步发挥声誉制度的优越性，弥补内部制度不完善的缺陷，提高社员对合作社的信任深化程度，促进合作社内部社员参与，为合作社的长期稳定发展提供保障。

1.3.2 研究内容

（1）文献研究。

研究和借鉴现有成果，在分析国外学者的成熟理论基础上，充分考虑中国的具体国情和文化特点，对农民专业合作社、声誉和信任的定义、结构更加深入地了解，并对前人的研究进行整理总结，明确本书的研究方向，找准利益相关者理论、角色理论、前景理论、心理契约理论和社会资本理论为社长声誉和社员信任的分析提供支撑。

（2）以前景理论为基础，构建社长声誉对社员信任建立的影响模型。

梳理分析了社长的相关利益群体对于社长的利益诉求，构建了社长能力、管理业绩和社会影响三大社长声誉测量维度。以前景理论为基础，基于合作社外部环境不稳定性的考虑，构建了内部信任建立"发生—强化—稳定"的动态过程，并将社员信任划分为信任感知、合作维持和情感认同三大维度，分别对每个维度的构成进行深入、细致的研究，搭建社长声誉、社员信任建立的测量指标体系以及两者关系的结构方程模型。

（3）以心理契约理论为基础，搭建社长声誉对社员信任深化的影响模型。

①构建"社长声誉—关系质量—社员信任深化"模型。根据整理出基于心理契约视角的社长声誉对社员信任深化的影响机理框架，搭建社长声誉通过作为中介变量的关系质量影响社员信任深化的结构方程模型，探究社长声誉、关系质量以及社员信任深化三者之间影响关系，了解社长声誉对社员信任深化的直接关系和社长声誉通过关系质量对社员信任深化的间接影响。

②构建"社长声誉—关系质量"模型。根据文献综述对声誉与关系质量的维度整理划分，结合利益相关者理论与角色理论，将社长声誉分为社长能力、社

长业绩与社会影响三个维度，关系质量分为关系满意与关系联结两个维度，搭建社长声誉对关系质量的影响模型，探讨社长声誉与它的各个维度分别对关系质量与它的各个维度的影响关系。

③构建"关系质量—社员信任深化"模型。根据文献综述对关系质量与信任深化维度的划分，结合农民专业合作社的实际特点，将社员信任深化分为情感承诺、行为承诺以及规范承诺三个维度，搭建关系质量对社员信任深化的影响模型，探究关系满意与信任分别对社员信任深化及其各个维度的具体影响路径。

（4）实证分析。

根据走访、问卷所收集的四川省532份统计样本数据，运用描述性统计的方法得到所调查合作社及被调查者的基本情况，通过结构方程模型的运行和修正，找出社长声誉与社员信任建立的因果关系路径，探索基于心理契约视角的社长声誉通过作为中介变量的关系质量来影响社员信任深化的具体路径，并分析找出社长声誉、关系质量和社员信任深化之间的关系，明确因果影响传导关系链的现实情况。

（5）研究结论与启示。

充分挖掘因果关系路径上的关键节点和因素，明确社长声誉和社员信任建立、深化之间的逻辑关系，为合作社的有效管理和发展提供建议。

1.4　研究方法与技术路线

1.4.1　研究方法

本书以四川地区农民专业合作社社长、利益相关者以及合作社社员为调查对象，主要通过探索性因子分析法以及验证性因子分析法分析合作社社长声誉维度的构成以及内部信任维度的构成，并在此基础上研究社长声誉各维度与内部信任建立各维度的关系，研究社长声誉、关系质量以及社员信任深化间的结构方程模型，同时检验各维度间的作用路径及关联程度。本书使用 Cronbach's α 一致性系数和探索性因子分析法来确定量表设计的科学性，采用分层随机抽样法抽取研究所需的调查对象，通过实地调研获取相关数据。对于问卷分析的方法主要有以下几种：

（1）描述性统计分析方法。

对调查所取得的数据运用 Excel、SPSS 等软件进行处理，观察频数等统计数据来了解合作社、社长以及其他被调查者的基本情况，从而加深对整个调研的了解，以便开展后期研究和分析。

（2）因子分析方法。

运用 SPSS22.0 和 AMOS22.0 软件分别进行探索性因子分析和验证性因子分析，对社长声誉问卷和社员信任问卷的题项进行分析和处理，从而优化问卷，确保数据的真实可靠和科学。

（3）结构方程模型分析法。

本书主要运用结构方程模型（Structural Equation Model，SEM）方法对社长声誉与内部信任建立之间的关系、社长声誉与社员信任深化之间的作用路径进行分析，建立社长声誉与社员信任建立、信任深化的结构方程模型，导入调研数据至 AMOS22.0 软件中，检验修正模型拟合程度，从而得到一个既符合理论推导又符合实际情况的模型，并对模型进行阐述和分析，厘清社长声誉和社员信任建立的具体因果关系路径和社长声誉对社员信任深化的具体影响过程。

1.4.2　技术路线

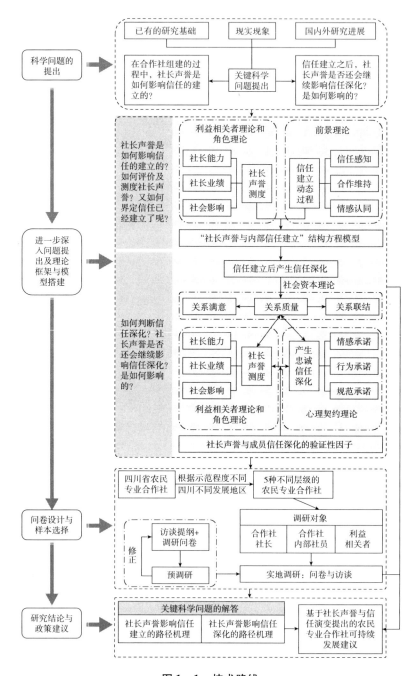

图 1-1　技术路线

1.5 研究创新

第一，搭建了社长声誉与内部信任的理论分析框架。以利益相关者理论和角色理论为基础构建了社长声誉评价体系，以前景理论为基础构建了内部信任建立评价体系，以心理契约理论构建了社长声誉对信任深化后达到社员信任深化的具体作用路径，以此搭建社长声誉与社员信任的结构方程模型。

第二，明确了社长声誉与社员信任建立之间的内在逻辑关系。前人在研究中对于声誉和信任之间的关系众说不一，有人认为声誉对信任有促进作用，有人认为信任对声誉有促进作用，但是研究不够深入，没能够继续探讨两者的具体关系，本书在前人研究的基础上，进行了更为深入细致的研究，并对两者关系进行了明确，为学者的争论提供实证借鉴。

第三，以往对于声誉与信任深化关系的研究，其主体对象是组织与个人，对于人与人之间的声誉与信任深化关系研究还较少；目前，人与组织间的雇佣关系，人与组织、组织与组织间的交易关系中心理契约应用研究较为常见，而将心理契约运用于团队成员间的合作关系中的研究却是寥寥无几。因此，本书可以丰富声誉与信任深化关系的研究对象，拓展心理契约的应用领域，从心理契约的视角为人与人的声誉与信任深化关系研究提供参考。

第四，分别搭建了"社长声誉—关系质量—社员信任深化"模型、"社长声誉—关系质量"模型以及"关系质量—社员信任深化"模型，实证探究了社长声誉通过关系质量如何影响社员信任深化、社长声誉及其各个维度各自对关系质量和各个维度的影响关系、关系质量及其各个维度分别对社员信任深化和各个维度的具体作用路径。

第2章　相关文献综述

2.1　概念界定

概念的清晰界定是科学研究的前提，在发展理论模型之前，需要对本书所涉及的基本概念作科学清晰的界定。根据本书的研究目的和文献研究结果，相关的基本概念主要包括三类：农民专业合作社、信任和声誉。

2.1.1　农民专业合作社概念界定

合作经济思想最初是从欧洲向世界各地传播，逐渐发展为一个全球性的概念，合作社的定义也从最开始的简单化逐渐向系统化过渡。1995年，国际合作社联盟把合作社定义为：合作社是人们自愿联合的，通过共同拥有、民主控制的组织进行经营运作，使其经济、文化等方面需要得以实现的自治联合体，同时将合作社原则定为自愿和成员资格开放，民主的成员控制，成员经济参与，自治和独立，教育、培训和信息宣传，合作社之间的合作，关心社区七条，上述界定得到了国内外的普遍认可（管爱国，1995）。

中国是农业大国，具有鲜明的地域特性，但国内对农民专业合作社的概念界定相对比较模糊，研究对象也比较宽泛，通常把农民专业合作组织、专业协会、供销合作社等统称为农村经济合作组织。直至《中华人民共和国农民专业合作社法》（以下简称《农民专业合作社法》）出台，农民专业合作社才有了比较明确的界定，该法将农民专业合作社定义为："在农村家庭承包经营基础上，同类农产品的生产经营者或者同类农业生产经营服务的提供者、利用者，自愿联合、民主管理的互助性经济组织。"本书选用的是新型农民专业合作社的概念界定，即改革开放以后在家庭承包经营的基础上，从事同类或者相关农产品的生产经营者，依据加入自愿、退出自由、民主管理、盈余返还的原则，按照章程进行为其成员的专业化生产提供产前、产中、产后服务为宗旨，谋求和维护其成员的社会经济利益的互助性经济组织（王文献，2007）。

2.1.2 信任概念界定

信任是人类的一种情感，也是人类行为的一种形式。1900 年社会学家格奥尔格·齐美尔（Georg Simmel）第一次对信任问题进行了理性探讨，他认为整个社会的运行离不开人与人之间的信任。在学术发展进程中，信任问题一直受到心理学、社会学、经济学等不同研究领域的重视，信任也被赋予了不同的定义。

（1）心理学的观点。

Deutsch（1958）根据囚徒困境实验结果，从协调冲突的角度提出人际信任理论：在人际关系中，信任是一种对情境的反应，是对外界刺激所做出的心理设定和个体行为，双方的信任程度会随着情境改变而发生变化。Hosmer（1995）则认为当自身面临期望收益小于预期损益时，信任是个体做出的非理性行为导向。Rousseau（1998）表达出信任是以与客体行为相关的目标所持有的积极预期为基础并接受不确定性的一种心理状态。信任本身不产生控制机理，是一种对控制的柔性替代，只有当信任不存在时控制的作用更为突显。

（2）社会学观点。

Luhmann（1979）对于信任的界定堪称信任研究在社会学领域的经典，他在其著作《信任与权利》中提出："信任是对机制复杂性的简化，由于它超越现有的信息去进行行为预期，使得它能达到这一社会功能，从而借助一种带有保障性的安全感，来弥补所需要且暂时缺乏的信息。"Boon 和 Holmes（1991）指出在承担风险行为的情形下，信任是为尊重客体转而对其动机的积极预设。Dodgson（1993）指出信任是交易主体对客体将付诸预设之中的、可相互接受的行为预期的一种思维。Coleman（1990）等借助社会交互系统，指出人际信任关系是建立在人际互动的基础上，信任是在风险中力求功利最大化的指向明确的行为；作为社会资本形式之一，信任可减少监督与惩罚的成本。我国学者郑也夫、彭泗清（2003）指出，信任是相信某人行为或所处情境秩序符合自己的期望的一种态度。

（3）经济学观点。

K. Arrow（1972）指出，信任作为社会经济体系构建和运作的润滑剂，其包含了交易行为的基本要素。在经济学视角下，Dasgupta（1988）、Williamson（1985）等借助对风险的解读，指出信任是风险考量指标之一，理性思维者会在内心参照风险和预期进行成本收益计算，即计算型信任。在重复博弈的条件下，人们为了追求稳定利益，会注重节约交易成本，而信任则是最好的选择。Inkpen和Currall（1998）指出信任是风险存在状态下依旧保持对他人的信赖。

综合各学者有关信任的研究，从中不难看出，对于信任的定义主要集中在三大基本视角：基于认知视角认为信任是正面期望，基于值得信赖的属性建立信任，信任是一种相信他人能够满足其意愿的一种信任（Wrightsman，1992；McAllister，1995）；基于行为视角认为信任是人们在行为上采取的面对风险外部条件做出的劣势于自己的选择（Luhmanm，1988；Williams，1985）；基于期望和脆弱性两方面视角认为信任是一种愿意将个人的脆弱性暴露于别人，相信不会被人利用的一种积极预期，更加强调的是互动性和彼此之间的诚信（Balthazard，2009）。基于此，本书在正面预期和脆弱性意愿两方面兼顾的情况下，结合合作社的基本特征，将信任定义为基于某人或某事的良好意图和行为，对于某人或某事的一种积极的心理预期，愿意共同面对当中遇到的问题，从而建立彼此相互依赖的关系。

2.1.3 声誉概念界定

声誉与"名声""声望"等意义相近，《语言大典》对声誉的解释为"一个人被普遍认定的品德"。"Repute"英文起源于古典的拉丁文和古代的意大利文艺复兴时期的经典著作，意思指很高的声望。《当代朗文高级英语辞典》中关于声誉的解释意义是"一个人基于过去的行为而产生的他人对其的评价和看法"。《韦文高级英语词典》和《牛津英语词典》的定义也大同小异。声誉在被提出后的两百年左右一直没有引起学术界的重视。直到 20 世纪 80 年代，Kreps（1982）等提出的标准声誉理论证明了声誉机制在市场中的有效性后，越来越多的学者开始了声誉机制的研究。由于声誉难以被概念化，且无法直接进行度量（Cole，1979），给研究者带来了很大的挑战。如果无法对声誉进行内涵界定，就难以实现声誉的度量和评估，更谈不上进行有效的管理。

学术界对个体声誉的定义，多是从对个体声誉评价方面展开的。Rosen（1990）、Doby（1995）和 Kaplan（1995）认为个体声誉就是公众对某个个体性格的综合评价，或者说是他人对这个个体的信息搜集（Gioia，1983），即个体的声誉是可以客观评价的；Tsui（1984）认为对个体声誉的评价是主观的，是基于对评价个体的印象以及期望做出的。在这两种观点的基础之上，Herbig（1994）等提出对个体声誉的评价实际上是对个性特征和历史表现的结合。根据上述的定义，可总结出个体声誉具有以下几个特点：①个体声誉是其根据自身作为建立的，并不是凭空捏造的。②个体声誉是对某人或者某个事物的总体评价，人或物是声誉的载体，个体声誉是归属于某人或某物的特征或特质。③个体声誉的获得在于公众的评价，而不是自身作出的评价。在个体声誉本质和结构的研究中，具有代表性的有博弈论、资源论、信号论、感知说等，丰富的研究成果为对声誉的理解和分析提供了良好的框架和切入点。

博弈论认为，声誉是一种机制，是博弈各方长期动态重复博弈的结果，其中，最典型的是标准声誉模型和"代理人市场—声誉"模型。基于公司治理理论的研究大多采用这种内涵，将声誉看成一种机制，通过各种模型分析声誉机制的作用。Weigelt 和 Camerer（1988）认为，在博弈论中一方参与者的声誉是其他人对其策略选择的感知，信息不对称迫使外部的观察者不得不依赖这种手段来描绘对手的偏好和可能的行动。声誉的作用在于，它在广大利益相关者的脑海中产生了有关声誉拥有者是什么、做什么、代表什么的感知。

资源论认为，声誉是一种资产，能够产生收益和损失。Morrison 和 Wilhelm（2004）指出，个人声誉是不可替代、无法交易且不能编纂的资产，是人力资本的一种。基于人力资本理论和激励理论的研究大多采用这种内涵，他们选取各种能够体现声誉的人力资本指标来研究声誉的作用。

信号论认为，声誉是一种可以量化的客观信息，是人们对于声誉主体所搜集的信息，是人的一种心理感知。Fombrun 和 Shanley（1990）认为，声誉的基础是信息，经理人通过发送企业优势信号影响其他利益相关者的评价，Spence（1974）认为声誉是人们的印象和认知以及质量信号的反映。

感知说认为，声誉是利益相关者的判断和知觉，如 Whetten 和 Mackey（2002）、Tucker 和 Melewar（2005）均认为声誉的形成与利益相关者密切相关，是利益相关者基于主体过去、现在和未来活动以及活动的沟通方式并以自身的主体期望为评估标准而持有的感知。

基于以上内容，对合作社社长个人声誉进行研究，结合合作社特点，本书认为声誉不单是一项资产，同时兼有信号传递功能，因此将其定义为：社长声誉是社长拥有的传递社长行为与表现给利益相关者的一项无形资产，是利益相关者基于社长责任和角色多大程度上能够满足其期望而对社长的历史行为作出的评价或者感知。

2.2　信任的相关研究

2.2.1　信任的建立机制

从没有历史交往经验角度来看，Kee 和 Knox（1970）认为个体的经历（信任的前因变量）、环境变量和个性倾向等因素共同导致了对被信任者动机和胜任力的知觉，这种知觉被看成是信任建立的基础；Mayer、Davis 和 Schoorman（1995）指出当一个人具备能力（Ability）、仁爱（Benevolence）与正直（Integrity）三种特质时，他（她）就是一个值得信任的人，即可建立起信任关系。Doney 和 Cannon（1997）认为建立信任有 5 个途径，分别是计算途径、预测途径、动机途径、能力途径、转移途径。Ferrin（2006）提出人际信任是基于对对方意图和行为的积极预期，并包含了信任意向和信任信念两个要素；韦慧闵和龙立荣（2008）在对组织的人际信任研究中提出"初始信任"的概念，认为初始信任就是指在最初的相互作用过程中，信任方在一定程度上相信并且愿意依靠对方的一种心理状态，是基于没有交互作用历史的假设；黄珺（2009）认为，农户对合作社管理人员的信任可能有两种不同的来源，即对个人特征的理性认知和互动中的情感联系，从而分别形成认知信任和情感信任。

从农村信任初始特征角度来看，费孝通（1998）在差序格局理论中指出，中国农村信任建立基于不同亲疏圈层的人际格局。吕传振（2006）在对农村社会信任结构及其变迁的研究中指出，现代社会的信任建立很难在脱离传统关系的运作格局下建立起来。由此可见，传统关系对于信任建立的影响并没有改变。童志锋（2006）在对乡村社区的实证研究中分析并延伸出"差序格局"的信任领域。包含了4个同等重要的视角：①信任的差序格局是以关系亲疏程度进行划分的。②在信任同心圈里差序格局进行渐进扩展。③圈内外的施信方在一定的条件下可以自由流动。④信任是必须由个体出发并指向特定事件。杜艳萍等（2012）将合作社中信任建立机制归纳为两类：一类是以亲缘关系为基础；另一类则是以地缘关系为基础，合作社的发起者凭借个人威望和声誉等特质获得农户的支持及信任，从而吸纳农户自愿加入合作社。

2.2.2　信任动态演化

信任研究不但关注信任内涵及信任建立机制，更关注信任的演化。学者对信任动态演进的研究主要从以下两个层面展开，即信任动态演化的内涵和信任动态演化阶段。

信任动态演化的内涵层面，信任动态演化是指信任关系的动态演进过程，即信任主体与信任客体，随着关系、情境的变化，所导致的信任建立方式或关系强度发生变化的动态过程。Rousseau 等（1998）、Heimer（2001）认为，信任不是一个简单的静态概念，也不单是一种现象和主观心理感受，而是一个不断发展的动态演化过程。随着信任研究的不断深入，以动态发展观划分信任阶段、研究信任问题正逐渐成为共识（Hardin，1993；Kramer 等，1996）。

信任动态演化阶段层面，Shapiro（1992）最早构建了信任演化模型，在制度因素、交流因素、利益因素分析的基础上，他将商务活动场景下组织之间的信任发展，划分为基于威慑的信任、基于知识的信任、基于共识的信任三个阶段。而Barney 和 Hansen（1995）认为，信任演化过程也可按程度简单划分为：低度信任阶段、中度信任阶段和高度信任阶段。Lewicki 和 Bunker（1996）认为信任演化是一个迭代的过程，最初信任是在计算的基础上发生的，计算依据是市场环境下的收益与成本，被称为 CBT（Calculus – Based Trust）；在频繁发生交易，有了更多的交流后，发展成为以知识为基础的信任（Knowledge – Based Trust，KBT），在双方的共同认识上，可以对对方的行为进行预测；当相互之间对需求的了解和认可越来越深厚，信任也会更加成熟，由此进入信的一段——基于认同的信任（Identification – Based Trust，IBT），双方会主动地采取有效行动。Fung 和 Lee（1999）提出的信任生命周期模型显示，将信任分为初始信任、持续信任，并重点关注信任如何维持并加强。该模型的基础是受信方对施信方所建立的初始信任下的尝试的结果满意度，如果受信方对此结果表示满意，则关系维系，信任加强，进而可能导致更多次的交往，发展成为忠诚关系；反之则关系终止，信任消失，受信方放弃进一步交往。进入网络时代后，人们发现信任基于网络交易经历而形成，会随着交易成功经历的增加，逐渐稳定增强；还会随着交易失败或其他负面因素的影响而消失，Head（2002）构建的"在线信任发展模型"显示，网络交易信任演化可分为混沌、建立、加强、保持四个信任演化阶段，并描述了信任生命周期和各阶段演化的关系。Delmann 和 Loos（2002）进一步探究了信任是如何从初始阶段往持续阶段变化的。据研究，受信方的可信性、可靠性等都是施信方信任加强的来源，施信方在对交易结果满意的基础上累积信任度，但任何一次的不满意交易都会使信任消失或回到初始阶段。

国内学者对信任动态演化也进行了一些有益的探索，贺宏卿（2006）指出组织内信任的形成是"不信任—条件信任—无条件信任"的变化过程；陈明亮（2008）将网络信任划分为了初始信任和持续信任两个阶段；易牧农（2011）以事先信任为源头，以满意、后续信任和承诺为中介变量，建立顾客忠诚的形成机理模型，并得出事先信任对满意有着显著的正向影响，通过后续信任和承诺间接影响顾客忠诚度；刘宇翔（2012）认为合作社内信任的发展是经历了"初始信任—合作—加深信任—继续合作"的发展过程，农户的初始信任是在熟人社会关系和政府信任中建立的。

2.2.3 信任的维持

在信任的维持方面，Fung（1999）提出从无信任到建立初始信任后，个体会因较高的满意度而发生多次互动行为，使信任得以持续发展，并成为忠诚的个体；张静（1997）、马光川（2004）认为在一个熟人社会里，人与人之间频繁交往，彼此了解较深，人们处于一种相互监督的关系之中，一旦失信，失信者就将在这熟人圈子中难以立足，因此，信任维持可视为信任达到一段平衡稳定的状态。目前，学者对信任维持的机制，主要划分为以下三个层面：Kadefors（2004）、Jin（2005）、谭思（2019）基于交流与了解的视角看待信任维持，认为沟通对信任起巩固作用；Kadefors（2004）、Ochieng（2010）基于情感的视角维持信任，强调尊重和关心对信任发展过程起重要作用，相互尊敬能够增进双方的信任维持；Jin（2005）、Maurer（2010）高明娜（2019）基于制度的视角维持信任，强调制度设计对提升信任的作用，建立客观与透明的奖励机制可以促进对信任的维持。

2.2.4 信任的维度

关于信任的早期研究，大部分学者都将信任作为单维的变量来进行研究，设计量表的测量效果不尽如人意。自 20 世纪 90 年代以来，对于信任单一维度的观点不断被深化，目前具有普遍认可度的是信任的多维度视角。

（1）从信任对象上进行划分。

①基于信任者视角进行分类。McAllister（1995）将信任划分为认知型信任和情感型信任；Lewicki 和 Bunker（1995）将信任分为计算型信任、知识型信任和认同型信任。②基于被信任者视角进行分类。Ganesan（1994）将信任划分为感知可信度和善意两个维度；Rempel 等（1995）将信任划分为可预测性、可靠性和信念三个维度；Mayer 等（1995）、Das 和 Teng（2001）、Farrell 等（2005）认为信任包括能力、善意和正直三个维度。许科（2002）充分结合我国的文化背景，对员工对管理者的信任进行了研究并将其分为道德信任、行为信任、权威信任和关系联结四个维度。③基于相互关系视角进行分类。Rousseau 等（1998）将信任划分为威慑型信任（Deterrence – based Trust）、计算型信任（Calculus –

based Trust)、关系型信任（Relational Trust）和制度型信任（Institution – based Trust）。

（2）从信任方向上进行划分。

从信任方向上对信任的分类再细分又有两种方式：①垂直信任与水平信任。薛芬芳（2006）、徐碧祥（2007）对组织内部信任进行研究的时候，均将其分为上级信任、下级信任和水平信任三个维度。②主动信任与被动信任。Williams（2007）、王红丽和陆云波（2011）对信任机理和治理方向进行了研究，通过他们的研究发现一个共同的趋势，大家都倾向于通过研究信任者在信任中扮演的积极主动角色对信任进行研究。

2.2.5 信任度量模型和方法

综观学者对于信任测度方法的研究主要集中在以信任维度划分为基础的方法上，自20世纪90年代以后，学者开始将信任视为多维度的变量进行研究。McAllister（1995）从认知信任和情感信任两个维度对信任进行了研究，据此开发了由11道题组成的信任量表，是目前比较具有权威性的测量方法，通过因子分析证明该量表具有很好的适用性，虽然该量表是基于对经理人员的研究开发的，但对于普通员工同样适用。Furrell（2005）、Mayer（1995）从能力、善意和正直三个维度开发了信任量表，运用因子分析方法对数据进行了测量和分析。徐碧祥（2007）基于中国特殊的文化背景编制了一份组织内部人际信任量表，从主管信任、同事信任、组织信任三个方面设计问卷进行了论证，并提出360度信任，全方位提出提升信任和管理者个人绩效的对策和建议。周晓丽（2011）设计的农民专业合作社内部社员信任的指标体系，认为社员信任的观察变量有增加收入、共同目标、帮助以及机会主义。顾鑫（2011）通过对当前典型的可信云研究的分析，指出初始值缺乏多粒度和对信任时效性考虑不足是目前基于云模型的信任度量中存在的主要问题。蔡红云（2012）提出一种基于多维信任云的信任模型，对传统一维信任云的维度进行扩展，通过多维信任云来对实体信任进行度量，增加了度量的精度。

2.3 声誉的相关研究

2.3.1 声誉的建立

关于声誉的建立，学者从不同的角度进行了研究。Whetten 和 Mackey（2002）基于外部利益相关者视角，认为个体声誉是由反映个体形象的各种具体物化表现构成。Spence（1974）认为，声誉的建立是个体的关键特征传递给其他人，以使其社会地位最大化过程的结果。Saxton（1998）认为在利益相关者看见的或通过他们的想法和语言表达的个体印象中逐步建立声誉。Gotsi 和 Wilson（2001）认为，声誉建立于利益相关者的直接经验、能提供有关声誉主体的行为。Tucker 和 Melewar（2005）认为，声誉建立基于利益相关者对声誉主体的过去、现在和未来活动以及活动的沟通方式的理解而持有的感知。此基础上，Walker（2010）认为声誉不仅源于被评价个体的自身努力，更取决于外部主体对个体的主观评价。

Lippmann（1922）则基于信息的视角提出，声誉建立于产生图像的信息加工过程的外部主体脑海中。Peuy 和 Cacioppo（1986）认为产生声誉的信息加工过程，会因个体现有知识体系、对感知对象的参与或贴近程度以及营销沟通的强度等形成不同加工。王志标（2019）总结 Kreps - Milgrom - Roberts - Wilson 声誉模型中声誉的建立需要三个条件：第一，重复博弈，只有当博弈是重复进行时，双方才会考虑长远的利益；第二，形成有效的声誉信息，有些明确的信息能够表明声誉影响博弈双方的决策；第三，不断累积，声誉的建立过程就是信息不断积累的过程，在一方对其他博弈主体的行为无法进行准确判断时，会对其行为进行理性或适应性预期，在对预期进行长时间修正后便形成对其他个体声誉的定位。国内学者缪荣和茅宁（2006）提出了声誉的形成经过了编码、抽象、传递、扩散多个环节，创造性地将声誉结构划分为美誉度、广度和强度三个指标，较好地反映出声誉作为一种信号的特性。

Mainlath 和 Larry（1998）以及国内学者张维迎（2003）基于信任视角认为声誉是建立在信任的基础上，信任是声誉形成的基石。建立良好声誉是一个漫长的过程，企业家不仅需要支付先行的投入成本，还需要承担远期是否有回报的风险（凯文，2006）。张晓娟和童泽林（2012）则认为企业家声誉有两种形成方式，第一种是通过长期积累的口碑传播而形成的，第二种则是根据媒体宣传形成的。

2.3.2　声誉的维持

在声誉的维持阶段，Lencioni 和 Patirck M.（1998）、缪荣和茅宁（2006）、李延喜和黄莉芳（2011）认为声誉的维持离不开利益相关者这一群体，指出声誉能够在利益相关者群体中传播和扩散，通过实际行动能够展示自身的声誉，从而在这样的展示和传播的过程中，不断加强了与利益相关者的联系，达到相互之间的信任，声誉也因此在这样的过程中得到强化。Ross（2005）提出了有助于企业家持续提升其声誉资本的五大因素即 CM 因素，包括建立可信度、建立道德规范、注重内部沟通、组建并留住高素质团队、激励员工五个方面。声誉作为一项重要的意识形态资本，对于合作社社长而言是十分重要的，杨灿君（2016）认为合作社社长对声誉的维持通常在对合作社的责任心，关心社员利益，展现奉献精神，强调自身诚实守信几个方面得以表现，要维持良好声誉，还需将声誉租金分配给员工，以激励他们保持声誉状态的稳定性。

2.3.3　声誉测度维度

关于声誉维度的划分，目前的研究趋势从宏观层面逐渐向中观层面、微观层面深入，主要有一维观、二维观和多维观。

声誉的一维观。Gray 和 Balmer（1998）、Fombrun（1996；2000）均认为声誉只存在一个维度，但是目前有两种观点，第一种观点认为声誉只有认知一个维度，不包含情感的成分，第二种观点则认为声誉只有情感一个维度。马连福等（2013）收集了国内几大权威杂志公布的管理者奖项，并设定当年获奖的管理者具有高声誉。陈红等（2013）将个体是否入选《福布斯》杂志"最佳CEO"榜单作为其声誉的维度变量。而 Johnson W. B. 和 Welker M.（1993）将

Financial World 杂志证券分析师对职业经理人表现的年度评价作为管理者声誉的维度变量。

声誉的二维观。Hall（1992）认为声誉包含了认知和情感两个维度。Dozier（1993）认为声誉包含了直接经验的维度也包括加工过的沟通信息的维度。余鑫（2002）对经营管理者的声誉进行了研究，并将其声誉划分为了两个维度即政治声誉和职业声誉，认为这两者通过政治地位、称号、职业道德、能力等共同构成了其社会地位。姜涛（2010）认为声誉结构是以态度结构为核心的，基于该思想结合声誉的态度结构和信号机制将企业家声誉划分为知名度和美誉度两个维度。Rindove 等（2005）认为，声誉有两个维度，一是利益相关者心中对组织产品生产的评价，二是利益相关者心目中对组织的评价。大部分学者从一种角度研究声誉，也有部分学者认为声誉既是一种信号又是能力的证明。例如，我国学者黄群慧和李春琦（2001）认为，声誉对于经营者来说，是其在经理人市场上的"质量"信号。经营者的声誉是其在很长期间内，能够成功经营企业所得到的结果，也是其具备开拓创新的管理能力的重要佐证。

声誉的多维观。徐金发和王乐（2004）认为经营管理者声誉包括个人能力、个人特质和伦理道德三个维度。缪荣和茅宁（2006）认为声誉包括了知名度、强度、美誉度。邱茜（2008）认为声誉包括了基本素质、能力、个性品质、业绩水平这四个维度。谢薇（2008）通过大量的文献分析和总结，基于前人的研究，对声誉进行了更为细致深入的研究，她认为声誉包含了个人能力、个人素质、伦理道德和社会影响四个维度。

2.3.4　声誉度量模型和方法

通过构建模型，学者对声誉进行度量。Kreps 和 Wilson（1982）建立标准声誉模型，证明了参与者对于交易对手的支付函数的信任程度，显著性地影响均衡结果。假若博弈的次数足够多，交易双方合作的行为将会在这些有限次的博弈中出现。Tadelis（1999）通过逆向选择模型检验声誉的传递时，发现声誉具有维持和建立等双重效应。金雪军和余津津（2004）通过两阶段"囚徒困境"博弈模型，证明在信息不完全情形下有限次重复博弈中声誉效应可以引导出合作的均衡。郭红梅等（2011）认为声誉具有激励作用，在信息不对称情形下，只进行一期合作时最优静态契约能够激励交易方显示出真实成本类型；在两期合作时，由于棘轮效应存在无法显示出真实成本类型，可以通过声誉补偿来弱化棘轮效应从而达到预想效果。胡平波（2013）假设农民合作意愿程度为单边不完全信息结构，发现声誉制度和正式制度具有相互促进关系，正式制度的不断完善能提升声誉制度所产生的激励效果，声誉制度也能弥补正式制度在某些情况下的不足之处，增强了农户合作的意愿。王成琛（2017）建立博弈下的声誉模型，以借方社员和合作社为主体，通过借方行动后，合作社会根据借方的行为采取对应策略，来检验社员声誉对社员行为的约束作用，得出声誉是一种约束借款社员的有效机制，并且声誉机制通过促进社员与合作社资源共享对社员的还贷行为有抑制作用。

通过对声誉度量方法的总结发现，最为普遍的方法有两类，一类是运用量表对声誉进行评价，另一类是运用试验问卷等综合方法对声誉进行评价。

（1）运用量表对声誉进行评价。

王乐（2004）、孙世敏等（2006）对 CEO 个人声誉进行了评价，王乐将 CEO 声誉从个人能力、个人特质、伦理道德三个方面逐步细化，运用因子分析法、专家打分、模糊综合评判等方法最终构建了 CEO 声誉评价模型。孙世敏等则从业绩和个人素质两个方面采用客观和主观结合的方法设计了测量量表，基于定性和定量结合的方法对声誉进行了测量。谢薇（2008）、邱茜（2008）对企业经营管理者的个人声誉进行了研究，结合设计的测量量表并综合运用因子分析、层次分析等方法对经营管理者声誉进行了评价。

（2）运用试验问卷等综合方法对声誉进行评价。

Petert 和 Sarah（2003）、Milbourn（2003）、Steven 和 Susan（2004）通过实验观察，如以对经理的专门机构排名为评价标准、选取声誉代理变量进行反复测试、相关著名出版物出现的次数统计等方式对声誉进行了测量。Steven 和 Susan（2007）用实验问卷的方法来测量管理者的声誉，并选取对管理者的道德评估、能力判断以及工作机会的判断作为衡量管理者声誉的代理变量。与此同时，Francis 等（2008）、Karuna（2010）、Likitratcharoen（2011）、Liu 等（2012）综合采用了电话垂询的方式选取道德、修养等代理变量对经理人声誉进行了调查。运用量表对声誉进行测量的方式目前被广大学者所普遍接受，具有较好的解释力度，本书也将通过量表的方式对社长声誉进行测量。

2.4 个人声誉与信任之间关系的文献梳理

2.4.1 个人声誉对信任的单向影响

声誉是信任的重要依据，人们会根据行为主体的声誉决定是否给予信任并与之合作，较高声誉是建立信任的前提与基础（Das 和 Teng，1998）。赵爽和肖洪钧（2009）指出企业家积累的高声誉可以产生高信任。Zucker（1986）认为良好的声誉有助于信任的形成，并系统地阐明了主要信任产生的三种机制，其中之一就是由声誉产生信任，根据对他人过去的行为和声誉的了解而决定是否给予信任，同时声誉好的人能得到信任。Whitley（1991）和 Yoshihara（1988）认为，华人社会中主要是通过声誉和关系产生信任，而法制化的信任很少。Cook（2004）认为个体自身的经历遭遇是体现声誉的另一个维度，它会对信任产生影响。刘翠芳（2011）在重建信任的策略中提出，加强声誉等无形资产的投资，增加民众的信赖程度。宁向东等（2012）研究发现，声誉是独立董事的重要质量表征，也是拥有的独特社会资源，较高初始声誉，相当于向市场传递了企业信誉良好的信号，投资者会对其更加信任。在合作社的研究中，许淑华（2006）对农民合作与信任的关系进行了研究，得出农户对合作对象过去的记忆或者说是对合作对象声誉评判的好坏，能够起到加强或者减弱两者信任关系的作用。郭红东和张若健（2008）、杨灿君（2016）认为在农民专业合作社中，声誉对于合作社社长而言是一种重要意识形态资本，社长是否有良好声誉会直接影响到社员对他的信任程度，其中拥有良好声誉的能人社长更容易获得社员的信任。刘宇翔（2012）对影响合作社成员信任程度的因素进行了研究，将信任分为关系联结和制度信任，从关系联结提出了成员信任建立的对策，即选择村里有威望（声誉）的人作为社长，更有利于促进社员的配合与参与，形成对社长的信任。韩亮亮（2016）认为声誉越高的个体通常具备越强的工作能力，能够影响其获得他人更多的信任。Fishman（2009）的研究表明，借贷双方通过声誉机制会建立起一种信任，可以弥补抵押物缺乏的不足，且对可能出现的道德风险起到抑制作用。

2.4.2　信任关系对声誉的单向影响

Zucker（1986）指出声誉是形成人际信任的原因之一。而声誉的核心是信任。同时声誉也被视为守信方的特征。Dowling（2004）认为，声誉的建立通常来源于以往值得信任的行为，同时，良好的声誉反过来也能增强人们对企业的信心。张晓娟和童泽林（2012）认为信任关系是驱动企业家声誉的影响因素。刘彧彧等（2009）在研究声誉的影响因素中指出，信任作为一种情感因素对声誉有着重要的影响。在合作社的研究中，孟召将（2011）在对合作社的声誉效应进行分析的时候得出：信任是影响声誉的一个因素，在机会主义者做出损坏声誉的行为之前，要考虑为此付出的人际关系及信任关系等方面的严重后果。

2.4.3　两者之间的双向影响

蒋玲和谢旺送（2007）通过对信任、声誉机制的微观化思考，指出信任是声誉的核心，是人们交往的前提，声誉是在长期信任的基础上形成与发展的。洪名勇和钱龙（2014）对信任和声誉进行了逻辑性探讨，认为声誉是一种信号机制，通过记录受信方现阶段特征和历史的行为表现，克服信息不对称带来的选择困难，如果受信方现阶段采取机会主义行为，那么授信方在下一阶段会认为受信方具有更低的声誉水平，即影响授信方本轮的决策也影响下一轮的决策，通过信任和声誉逻辑关系图的分析发现：①信任是声誉的源泉。②声誉是产生信任的关键因素。两者之间的联系如同经济基础与上层建筑之间的辩证关系，信任决定声誉，声誉反作用于信任。但是，对于声誉和信任具体的关系仍然没有明确说明，两者之间的关联程度也没有进行深入研究。

2.4.4　测度方法的相关研究

在研究对象之间关系的文献中，主要采用的方法有线性回归模型和结构方程模型等。李克纯（2005）、黄亮华（2005）在理论研究的基础上，搭建了理论分析模型和结构框架，综合运用初步回归、因子分析、回归分析、判定分析等方法得出两者之间的内在联系。卫维平（2008）在研究企业家精神与企业绩效关系时，建立了企业家精神和企业绩效测量模型，并延伸组织学习和环境不确定性两大层次，构建概念模型，运用结构方程模型进行实证分析，得到了环境不确定性、企业家精神和组织学习三者之间的内在逻辑关系，并确定了"环境不确定性—企业家精神—组织学习—企业绩效"和"环境不确定性—组织学习—企业绩效"两条因果影响传导关系链。基于此，本书选取结构方程模型对社长声誉与内部信任动态演化的关系进行研究，能够找出两者的因果传导关系链，进一步探讨两者的逻辑关系。

2.5　农民专业合作社与信任、声誉的相关研究

2.5.1　农民专业合作社信任的相关研究

农民专业合作社的发展是嵌入于一定的社会结构背景中的（徐旭初，2005；李婵娟等，2013），其组织制度只有与社会结构性要素相融合才能更好地发挥作用。正如 Valentinov（2004）所说合作社是一种特殊的、基于社会资本的组织，合作社的资本由所有社员共同享有，因此，社会资本在合作社中的地位显得尤为重要。在一般文献中，社会资本大多与人际关系中的信任有关（Beugel 等，2005）。农民专业合作社作为一类组织形式，信任即构成了合作社建立和发展的内生机制，是农民合作的基础，能够有效降低合作社交易成本，提升合作社运行效率，在我国合作社的发展历程中，无论是农村精英带动合作还是社员自发，合作社建立和发展都离不开成员间的信任基础。目前，学者对农民专业合作社、企业信任、高管信任等进行了大量深入研究，但基于信任角度研究农民专业合作社的研究并不多，然而现实中农民专业合作社的发展仍然面临着许多问题，如农民的入社率比较低、合作社的规模偏小、运行效率不高等，产生这些问题的一个重要原因是农民对合作社信任的缺失，因此，近年来合作社内部信任的问题逐渐引发了国内学者更广泛的关注。总结已有学者对合作社信任问题的研究，主要分布

于以下三个层面：合作社内信任的产生机制、合作社内信任的类型、合作社内信任现状及信任对合作社发展的影响。

在合作社内信任的产生机制层面，郭红东和张若健（2008）指出，社长的能力、社长的人品、社长与社员的关系以及社长对社员的关心会影响社员对社长的信任，其中，社长与社员的关系影响最大，其次是社长的能力、社长的人品、社长对社员的关心。黄珺（2009）认为由能因子、动机因子、声誉因子及形象因子作为关键因素，从强到弱地影响社员对管理层的信任。周晓丽（2011）基于结构方程的方法对合作社社员信任的影响因素进行实证分析的结果是社员的信任倾向、管理者的能力、管理者的品德、其他社员的综合素质、组织规范公平、组织效益和组织实力对合作社社员信任有影响。

在合作社内信任的类型层面，Mark（2002）将合作社的内部信任区分为认知型信任和情感型信任，不同成员的认知型信任和情感型信任在不同情况、组织背景下的作用有差异性表现。李伟民（2002）认为合作社内部信任关系类似于传统商务环境下的复杂社会关系，合作社内部成员间信任建构也会涉及交易频率、交易发生时间以及对信任风险的态度等，进而合作社内部信任会产生多元化的信任类型、结构及其强度，如制度信任、人际信任和系统信任。黄珺（2009）将信任划分为情感信任和认知信任，运用因子分析法测度农户对管理层信任的影响机制。钟真（2016）将合作社内部信任划分为人际信任和制度信任，人际信任主要体现为社员与理事长的信任，制度信任主要体现为社员对合作社制度规范的遵守，同时，研究发现人际信任和制度信任都会对农产品质量安全控制起正向影响，但作用程度不同。

在合作社内信任现状及信任对合作社发展的影响层面，许淑华（2006）认为信任是合作形成的必要条件，同时信任程度的变化在合作过程中起着推动或者抑制合作行为的作用。赵泉民等（2007）认为信任是人们走向合作的基础，真正意义上的合作经济组织是需要以契约、产权等现代制度为基础的"普遍信任"来作支柱，而不是以亲缘、地缘关系为纽带的"个人信用"来维系。杨灿君（2010）从中国传统社会的"关系"角度来分析合作社社长和社员之间信任的构建并分别探讨了能人型以及干部型管理者和成员之间的信任对于合作社发展的影响。刘宇翔（2012）认为成员的团结和信任程度是农民专业合作社发展的重要保证，会影响组织稳定性和经营效率，信任的缺失会导致合作的失败。黄家亮（2012）指出乡土社会特有的生产、生活方式和关系形态锻造了小农差序信任和具象信任的特殊信任逻辑，然而这种信任逻辑会限制合作社的发展，乡村传统信任受到现代市场经济的冲击，失灵的传统信任不利于农民间合作。杨灿君（2016）认为社长运用信任开展合作社治理主要表现在注重树立讲诚信、讲信用的个人形象，利用自己的生产技术经验、销售网络优势积极帮助社员开展生产、加工、销售等活动，注重日常生活中的情感交流。

2.5.2　农民专业合作社个体声誉的相关研究

总结学者的相关文献，针对农民专业合作社个体声誉的研究主要可以划分为社长声誉和社员声誉两个层面。

在社长声誉层面，郭红东（2008）根据农民专业合作社本身的特征，以合作社社长是否中共党员、是否当过村干部、在当地是否有好的名声等指标来体现合作社社长的声誉，认为合作社社长的声誉会影响到社员对他的信任程度，社长声誉越好，社员对社长越信任。杨灿君（2016）认为我国的合作社根植于农村这个"熟人社会"，声誉对于能人社长而言，是一种重要的意识形态资本，拥有良好声誉的能人社长更容易获得社员的信任，增加合作的机会。蔡荣（2019）通过对山东和陕西 2 省 320 位合作社社员的问卷调查数据及采用经济计量模型得出观点，即合作社领办主体如生产大户身份及声誉等级对社员资本供给意愿存在重要影响。

在社员声誉层面，张雷（2018）认为当合作社开展信用合作时，社员在生产合作上产生的声誉，也会通过溢出效应对社员信用合作道德风险产生抑制，一方面，社员生产合作声誉反映了社员的历史行为记录，降低合作社与社员之间在信用合作上的信息不对称；另一方面，社员生产合作声誉也是社员的一种无形资产，社员在信用合作上的机会主义行为将会降低社员生产合作声誉，进而导致社员在生产合作上的损失（如终止生产合作），因此，合作社在开展信用合作时，社员生产合作声誉将会有助于抑制社员信用合作道德风险。胡平波（2013）认为合作社社员重复交往过程中不断积累个体信誉，强化了成员间彼此之间的认同感，起到了凝聚合作社社员力量的作用，这不仅激励着人们重复去做出有利于合作的行为选择，也给予人们选择合作行为以巨大的精神动力，从而使得社员之间产生稳定合作的预期，产生长期稳定的合作关系。王成琛（2017）建立博弈的声誉模型，以借方社员和合作社为主体，根据借方行动后合作社会根据借方的行为采取对应策略，检验社员声誉对社员行为的约束作用，得出声誉是一种约束借款社员的有效机制，并且声誉机制通过促进社员与合作社资源共享对社员的还贷风险有抑制作用。

2.6　文献述评

　　信任与声誉的研究目前已取得了十分丰富的成果。在信任的相关研究中，学者较多是对信任内涵、信任影响机制、信任动态演进过程、信任维度以及研究方法进行探讨，但真正研究信任动态演化过程的文献较为有限，基于当前不断变化的外部环境，从信任不同时期的表现特征着手研究信任动态演化全过程的研究更少，不能很好贴合时代环境变化、增强确定性和适应性，同时，学者对信任研究等进行了有效探讨，但大部分研究对象是针于企业、企业家、高管层面，基于农业问题、聚焦农民专业合作社组织现状的信任研究进展缓慢；声誉研究多偏向于理论分析层面，由于声誉是一种态度结构，存在度量困难，导致声誉的实证研究成果十分有限，如果不能做到对声誉的度量，也就无法实现声誉的提升，因此，声誉的度量是取得突破的基础，通过对声誉进行度量和实证分析的运用才更能对普遍现象进行研究和解释；在声誉和信任的关系研究中，现有文献分析并不成系统，特别是在农民专业合作社的研究中，声誉和信任之间存在影响以及被很多学者感知，并得出声誉促进信任或者信任促进声誉的研究结论，但是对于两者关系的研究不够深入，存在怎样因果关系，两者之间的关联程度如何并没有进一步探讨，而声誉和信任能够促进合作社人员之间的和谐互助、经营的高效运转，因此，深入研究两者关系，挖掘合作社发展潜力是合作社长远发展的重要因素。

　　基于此，本书将声誉和信任动态演进过程研究作为研究对象应用于合作社的发展中，以利益相关者理论和角色理论为基础挖掘利益相关者的诉求，构建社长声誉测度体系，以前景理论探索内部信任的动态过程，有别于前人的研究，具有明显的时代特征和先进性。并且本书鉴于前人对于声誉和信任两者之间究竟谁影响谁的争论，探讨声誉和信任的因果关系路径，是对学术界现有争论的有力参考。

第 3 章 理论基础

本书主要运用的理论包括利益相关者理论、角色理论、前景理论、心理契约理论和社会资本理论。本章第一部分主要介绍利益相关者理论，包括利益相关者的概念、分类，以及理论概述和应用研究；第二部分主要介绍角色理论，包括角色的概念及分类、角色理论概述与应用研究；第三部分是对前景理论的文献回顾，包括原始前景理论和积累前景理论的概述以及前景理论的应用研究；第四部分主要介绍心理契约理论，内容包括心理契约的概念、维度、破裂与违背及该理论的应用研究；第五部分介绍了社会资本理论，包括社会资本的概念、维度及应用研究。这五个理论为本书的研究提供了理论基础。

3.1 利益相关者理论

3.1.1 利益相关者的概念界定

现代意义的企业利益相关者（Stakeholder）思想可以追溯到20世纪30年代。1932 年 Berle 和 Means 在《现代公司与私有财产》中根据现代公司的股权结构分散的特征，提出了"企业所有权与控制权分离"的重要命题，而此命题也成为了股东治理观或"股东价值至上观"的理论基础（Berle 和 Means，2005）。同年 Dodd 在驳斥 Berle 和 Means 观点时指出，公司董事会必须成为真正的受托人，不仅要代表股东的利益，而且要代表其他利益主体。如员工、消费者，特别是社会整体利益。在随后的几年里，多德关于利益相关者的观点并未得到重视，直到1963 年斯坦福研究所重提这一尘封已久的观点。

在已有文献中，关于如何界定一个利益相关者，没有一个定义得到普遍赞同（唐纳森和邓非，2001）。Mitchell 等（1997）从权利的主导性、相互关系的依赖性、相互权力的影响性、利益相关者的利益及风险等不同角度对三十种利益相关者的定义进行了归纳和分析，提出"关于对一个公司的利益相关者是采取广义还是狭义的观点，理论家们有着相当的分歧"。总的来看，利益相关者的定义有广义和狭义之分，其中，具有代表性的是 Freeman（1984）、Clarkson（1995）的广义和狭义概念。Freeman（1984）早先的定义说，一个利益相关者就是"任何可能影响公司目标的实现或受这种现实影响的群体或个人"，这是范围最广的定义之一。在这个概念下，股东、债权人、雇员、供应商、顾客，甚至社区、环境、媒体等对企业活动有直接或间接的影响都可以看作利益相关者。Clarkson（1995）则在不同语境下提出过狭义的定义，Clarkson 认为"利益相关者在企业中投入了一些实物资本、人力资本、财务资本或一些有价值的东西，并由此而承担了某些形式的风险；或者说他们因企业活动而承受风险"，这个表述不仅强调利益相关者与企业的关系，也强调了专用性投资（付俊文和赵红，2006）。国内对利益相关者的研究主要从 20 世纪 90 年代开始。其中，对于利益相关者界定较为突出的研究是贾生华和陈宏辉（2002）、黄胜忠（2014）的研究成果。他们结合了上述两者的观点，认为"利益相关者是指那些在企业中进行了一定的专用性投资，并承担了一定风险的个体和群体，其活动能够影响该企业目标的实现，或者受到企业实现其目标过程的影响"。这一概念既强调专用性投资，又强调利益相关者与企业的关联性有一定的代表性（王唤明和江若尘，2007）。通过实证研究，他们还提出了核心利益相关者的概念。根据对企业利益相关者概念、内涵的梳理发现，学者基本是从利益相关者及其利益索取的视角界定利益相关者，且关注企业与利益相关者的双边关系。同时，各种概念界定和分类方法都有其适用性。

3.1.2　利益相关者的分类研究

在对利益相关者概念进行界定的同时，国外学者又对其分类进行了研究，主要以多维细分法和评分法为代表。多维细分法中，Charkham（1992）按照相关群体与企业是否存在交易性合同关系，将利益相关者分为契约型和公众型，前者包括股东、雇员、分销商、供应商、贷款人等，后者包括全体消费者、监管者、政府部门、媒体、当地社区等。Clarkson（1995）基于其对利益相关者概念的界定，提出了两种有代表性的分类方法：①根据在企业经营活动中承担的风险种类划分为自愿利益相关者和非自愿利益相关者；②根据与企业联系的紧密性划分为主要利益相关者与次要利益相关者。Wheeler（1998）根据利益相关者之间的直接关系还是间接关系，划分为一级利益和二级利益相关者，同时，基于利益相关者之间是否存在联系，分为社会性利益相关者和非社会性利益相关者。Mitchell 等（1997）提出了利益相关者界定的评分法，基于利益相关者的影响性、合法性和紧急性三个特征评定利益相关者。影响性指某一群体是否拥有影响企业决策的地位、能力和相应的手段；合法性指某一群体是否被赋有法律和道义上的或者特定的对于企业的索取权；紧急性指某一群体的要求能否立即引起管理层的关注。通过对三个属性的评分和分值大小确定某一个人或者群体是不是企业的利益相关者以及是哪一种类型的利益相关者。

国内学术界比较普遍认可的观点是万建华（1998）提出利益相关者与企业契约关系的代表性分类方法。在对合作社的研究中，戴蓬军（2012）、李旭（2015）、作希亮（2013）均以合作关系为标准对利益相关者进行了分类，其中，戴蓬军、李旭将其分成了合作型利益相关者、指导型利益相关者和联合型利益相关者。作希亮则分成了一级利益相关者和二级利益相关者。黄胜忠（2014）对农民专业合作社的利益相关者进行了研究，并认为合作社的利益相关者包含了向上的政府部门、向下的农业生产者以及同级的投资者、供应商、技术推广服务机构、顾客等众多群体。

3.1.3 利益相关者理论的概述

从利益相关者（Stakeholder）界定中可以看出，利益相关者理论（Stakeholder Theory）与传统的股东至上理论最主要区别在于，利益相关者理论不仅强调企业要为股东利益服务，而且强调企业要充分考虑其他利益相关者的利益。早在20 世纪 60 年代，斯坦福研究所就明确提出了利益相关者这一理论概念，通过瑞安曼（Eric Rhenman）、安索夫（Igor Ansoff）、弗里曼（Freeman）、米切尔（Mitchell）、克拉克森（Clarksen）等学者的共同努力，1984 年弗里曼的著作《战略管理：利益相关者方法》的问世，标志着此理论的正式开端，使利益相关者的有关观点逐渐演变成一个相对完整的理论框架，成为一个独立的理论分支。利益相关者理论认为，利益相关者是企业生存和发展的条件，所有的利益相关者都为企业的生存和发展注入了一定的专用性投资，同时分担了一定的经营风险，为企业的经营付出了一定的代价，因此，对企业存在着利益诉求的内在要求。在企业战略的制定与实施过程中，需要充分考虑不同的利益相关者对企业的影响程度，需要充分考虑和重视利益相关者的参与，以便提升企业的竞争力。

利益相关者理论的提出，有利于企业与各利益相关者的长期合作，使企业获得更多有助于自身可持续发展所需的战略性资源，同时，有助于减少各利益相关者与企业交易时的机会主义动机，减少企业与各利益相关者的交易费用。尽管理论界对利益相关者概念的内涵和外延还没达成共识，对不同利益相关者之间的利益较难协调，但利益相关者理论将企业视为一个"社会存在"，强调在多元化的利益主体之间求得利益的均衡，对于确保企业的持续、健康发展至关重要，是这一理论生命力的根本保证。

3.1.4 利益相关者理论的应用

利益相关者理论在企业管理中的应用研究主要表现在公司治理、企业财务管理、企业绩效评估三个方面。

（1）利益相关者理论在公司治理模式方面的应用研究。

20 世纪 90 年代后，利益相关者理论的发展已经渗透到不同研究领域，如组织学、战略管理等，但最引人注目的是利益相关者理论对公司治理理论的贡献。将利益相关者纳入到了传统公司治理理论的分析框架中，使得人们重新审视"股东价值至上观"的合理性，并提供了探求公司其他治理方式的切入点。传统的公司治理理论认为，企业是股东的企业，是企业剩余风险的唯一承担者，股东拥有企业的全部所有权，因此，企业的董事会和总经理作为股东的代理人，应该对股东负责，企业的运营目标也应该是实现股东财富最大化。这也是新古典产权学派所倡导的公司治理理论的核心思想，其代表人物有 Shleifer 和 Vishny（1986）、

Tirole（1997）等。但传统的公司治理模式日益受到挑战，一些理论工作者认为，如果仅强调经理人员对股东负责，那么势必导致经理人员为了股东的利益而侵害其他利益相关者的利益。基于狭义利益相关者的概念，高层管理者应该与股东一起参与公司治理（青木，1984；伊丹，2000）。Gorton和Schmid（2000）、Morch等（2000）还认为金融机构作为债权人也应参与公司治理。另外，基于广义利益相关者定义，所有利益相关者都应参与公司治理，持这一观点的学者包括Evanand和Freeman（1993）、Kelly和Gamble（1997）。而Hillman和Keim（2001）的实证研究表明，利益相关者管理能够提高股东价值，但企业对社会事务的参与则有损股东价值。Gerard和Philippe（2001）首次定义了利益相关者价值，并将其纳入传统公司治理框架中。

目前，日德治理模式较大程度上体现了利益相关者理论的管理思想（陈昆玉，2006），我国大多数公司治理采取的是股东主权模式（陈畅，2005）。利益相关者治理模式是公司长期发展演变的产物，在公司治理机制中引入利益相关者、考虑社会责任是公司治理的必然趋势（许叶枚，2009）。目前，利益相关者公司治理主要有两种模式：由股东、职工构成的二元结构治理模式以及由股东、工人、债权人、关系客户等共同组成的多元治理模式（梁秀萍等，2011）。利益相关者可以通过非正式方式参与公司治理（赵晶等，2016），而关系治理是现阶段利益相关者参与公司治理的重要途径（王世权等，2009）。对利益相关者治理模式的研究成果，国内学术界也存在不同观点。有学者认为，利益相关者共同治理模式是企业最优选择（孙涛，2005；成祖松，2013），治理应保证内部、外部各主体权益，并在此基础上优化治理模式（张涵等，2018）。利益相关者对高管盈余管理行为发挥着监督效应、压力效应、替代效应的治理作用（李从刚等，2017），利益相关者共同治理还能够有效缓解企业融资约束（王鹏程等，2014），同时，还是企业社会责任形成的逻辑起点（王琦，2018）。另外，有学者认为，企业应该承担对利益相关者的责任但不应采取共同治理的模式（秦之垚，2010），传统的公司治理模式虽然存在缺陷，但这些缺陷是可以克服的，仍然具有竞争力；相反，新兴的利益相关者公司治理模式的某些缺陷是无法克服的，尚不能取代传统的公司治理模式（张爱国、廖柳庆，2005）。总的来说，不同治理模式有其适用范围，利益相关者与公司利益关联的性质、程度与作用渠道不同，其公司治理效果也存在显著差异（李从刚等，2017）。

（2）利益相关者理论在企业财务管理方面的应用研究。

利益相关者理论在财务管理中的应用研究，主要体现在财务管理目标、财务治理方面。

受利益相关者理论影响，众多学者认为能否在财务管理方面兼顾和均衡各利益相关者的利益将直接影响企业的长远发展，因此，财务管理目标应定位为"利益相关者利益最大化"（陈玮，2006；陈虹菁，2010；张正国等，2011）。这种经过企业努力所达到的"最大化"目标，应该是一个动态过程，而不是一个终极的静态过程（刘艳玲，2002），同时，包含内部利益相关者、外部利益相关者、社会环境和自然环境目标四个维度（傅燕萍，2016）。还有学者对该目标进行了修正，认为企业的财务目标应该是企业资源优化配置情况下的利益相关者之间的利益均衡（刘延，2011），或是将利益相关者利益的均衡化设定为"过程财务管理目标"，摒弃了传统的"利益相关者利益最大化"这一终极财务管理目标（张宝丽，2013）。更多的学者将财务目标的焦点放在了利益相关者利益最大化和企业价值最大化。庄际亮等（2007）提出国有企业的财务目标是企业价值最大化条件下的利益相关者价值的一种均衡。还有学者提出应按照兼顾利益相关者差别利益要求，以企业价值最大化作为财务管理的目标（李艳芳等，2006；管静，2010）。在此基础上，学者提出了财务管理目标的层级目标模型（陈威等，2014），将财务管理目标分为基本目标——相关者利益最大化和具体目标——企业财富价值最大化和企业社会价值最大化两个层次（张博，2011）。

在财务治理方面，利益相关者之间是相互依存的动态竞争关系，企业的财务控制权应按照以股东为主导的各利益相关者共同分享的模式来分层次配置（龚光明等，2012），而利益相关者利益诉求是财务治理驱动力，其社会资本能够影响财务治理效率（周晓珺等，2013）。还有学者研究了利益相关者与财务绩效的关系，认为利益相关者治理，有助于提高财务绩效（席宁，2010），同时利益相关者满足度是影响企业财务绩效的关键因素（纪建悦等，2009）。良好的利益相关者关系与卓越财务绩效的持续性正相关（关键等，2015），还有学者进一步指出利益相关者关系与企业财务绩效之间存在长期和短期均衡关系（纪建悦等，2011），因此，企业应在不同时期对各利益相关者采取差异化管理策略，满足他们各自的利益需求，与利益相关者建立良好的关系。

（3）利益相关者理论在企业绩效评估方面的应用研究。

在企业绩效评估方面，学者对企业绩效评价体系的构建进行了研究。吴玲等（2004）结合利益相关者理论与熵理论，提出了利益相关者框架下企业综合绩效的熵值评估法；刘亚莉（2003）提出建立利益相关者导向的综合绩效评价体系，并引入市场价值增值率指标评价自然垄断企业经济绩效；俞义樵等（2009）则构建了一套基于利益相关者的企业业绩评价指标体系，能够反映经营者的能力及有效努力程度对企业业绩的贡献；龚丽蓉（2010）分析企业的利益相关者理论及利益相关者与企业绩效的关系，建立了基于利益相关者的企业三棱镜绩效评价体系；段铷（2014）基于公司治理中的利益相关者理论，建立了反映保险公司利益相关方权益的绩效评价指标体系；曹明阁等（2014）则以利益相关者理论为基础，采用三角模糊数的绩效评价方法，构建了企业内部控制绩效评价指标体系。从学者的研究成果来看，利益相关者管理理念指导下的评估体系更具有活力和创新性（吕常影，2006）。

3.2　角色理论

3.2.1　角色的概念界定

从已有文献来看，"角色理论"是关于角色行为规律的理论（曹昱，2007），最早提出角色（Role）概念的是美国社会心理学家米德（G. H. Meed），他将"角色"第一次从戏剧中借用到社会学的研究中。但他并没有给出一个明确的定义，只是提出不同的人在类似情境中表现出类似行为模式的现象。在这之后，这个概念在社会心理学中逐步流行起来（欧阳山仑，1987）。莱威（M. J. Levy）将角色等同于社会地位，在他《社会结构》一书中将角色定义为由特定社会结构来分化的社会地位（金盛华，2005）；纽科姆在其《社会心理学》中将角色理解为行为本身，认为"角色是个人作为一定地位占有者所做的行为"。林顿

（R. Linton）在《个性的文化背景》中将角色理解为行为期望或规范，他认为角色是地位的动力方面，个体在社会中占有与他人地位相联系的一定地位。当个体根据他在社会中所处的地位而实现自己的权利和义务时，他就扮演着相应的角色。角色理论研究者彼尔德（B. J. Biddle）将角色视为行为或行为的特点，在其《角色理论：期望、同一和行为》中强调，角色是一定背景中一个或多个人的行为特点。中国台湾心理学家李长贵把社会角色定义为"个人行动的规范、自我意识、认知世界、责任和义务等的社会行为"（李长贵，1973）。安德烈耶娃把角色要素分为三个方面，即社会角色是社会中存在的对个体行为的期待系统，这个个体在与其他个体的相互作用中占有一定的地位；而角色是占有一定地位的个体对自身的特殊期待系统，也就是说角色是个体与其他个体相互作用的一种特殊的行为方式，是占有一定地位的个体的外显行为。还有学者指出社会角色包含了角色扮演者、社会关系体系、社会地位、社会期望和行为模式五种要素，于是他们把社会角色定义为"个人在社会关系体系中处于特定社会地位，并符合社会期望的一套个人行为模式"（奚从清，1991）。正如比德尔（B. J. Biddle）所说，这些角色定义都无所谓对错，它们都基于一种视角强调了角色现象的一个侧面。

虽然当前对于角色概念并没有统一的定义，但是综合起来可以看出角色在社会心理学中的定义需要包含三种要素：①角色是一套社会行为模式。②角色是由人的社会地位和身份所决定，而非自定的。③角色是符合社会期望（社会规范、责任、义务等）的。因此，对于任何一种角色行为，只要符合上述三点特征，都可以被认为是角色。角色即"处于一定社会地位的个体，依据社会客观期望，借助自己的主观能力适应社会环境所表现出的行为模式"（李胜蓝等，2018）。

3.2.2 角色的分类研究

根据分类标准不同，学者对角色的分类有着不同的观点。森冈清美把角色分为两种："群体性角色"和"关系性角色"。以家庭为例，所谓"群体性角色"是观察家庭内的各个位置与家庭群体的整体关系时的概念，如户主、主妇、户成员的区别；所谓"关系性角色"是从家庭关系角色来观察各个位置时的概念，如妻子对于丈夫、儿子对于母亲（青井和夫，2002）。根据角色和角色之间的权力和地位关系，德国社会学家达伦多夫（R. Dahrendorf）将角色分为支配角色和受支配角色；根据参与程度，萨宾（T. Sarbin）和艾伦（V. I. Allen）在《角色理论》一文中将角色分为零参与度到精神与外物合一的参与等七种类型。对于企业家、管理者承担的角色，国内学者也进行了不同角度分类。有学者认为管理者角色的划分应是阶段性的，从已有分类研究来看，角色的分类多种多样，一个人在某一时期内可能同时扮演者多种角色，而不同阶段所承担的角色也有差异。

3.2.3 角色理论的概述

随着角色一词引入社会心理学，角色理论也开始进入人们的视线。"角色理论"并非完整严密的理论体系，而是在这一名称下涵盖的来自不同知识领域的侧重于"角色"这一核心概念的研究。角色理论最早始于"管理者角色"概念的提出（Peter F. Drucker，1955），随后亨利·明茨伯格（H. Mintzberg）扩大了"管理者角色"理论的研究。角色理论（Role Theory）是一种试图从人的社会角色属性解释社会心理和行为的产生、变化的社会心理学理论取向。角色理论中的核心部分即是角色扮演，即个体根据所被期望的角色所承担的责任与义务来进行行为调节以符合个体期望。将以往学者对于角色理论的研究总结归纳，可发现角色理论大致可分为两种取向，即结构角色论和过程角色论。

结构角色论的代表是林顿（R. Linton），他认为角色的概念是构造其关于社会结构、社会组织理论体系的基石。结构角色理论家认为，社会是一个由各种各样的相互联系的位置或地位组成的网络，其中个体在这个系统中扮演各自的角色。对于每一种、每一群、每一类地位，都能区分出各种不同的有关如何承担义务的期望。因此，社会组织最终是由各种不同地位和期望的网络组成（J. H. Turner，2004）。简而言之，地位和相应的一系列期望组成了潜在的社会结构，这些期望又通过角色承担者个体自我的角色理解能力和角色扮演能力来传递，最后通过个体的具体角色行为来实现。显然，结构角色论强调了社会过程的既定的、结构化的一面，即强调了围绕社会关系系统中的地位、代表社会结构因素的期望对于角色扮演者行动起的制约作用。

以特纳（J. Turner）为代表的过程角色论者则以社会互动作为基本出发点，围绕互动中的角色扮演过程开展对角色扮演、角色期望、角色冲突与角色紧张等问题的研究。特纳用米德的"角色领会"概念来描述社会行动的本质，他强调行动者在互动时作出的一定的姿态和暗示——话语、身体姿势、嗓音的抑扬顿挫等，以便让自己置于他人角色之上，这样调试自己的路线以利于合作。此后，特纳对米德的概念作了发展，他指出角色的文化定义提供了一个个体行动者从中建立行动路线的总体框架。因此，行动者构建角色，并在与他人的交往中告知对方自己在扮演何种角色。他指出，人们就是在这样的假定基础上行动的，运用这一假定，人们能够有效地解读他人的姿态和暗示，以便确认他人正在扮演什么角色。这种努力因他人构建和固化其角色的行为而变得容易，这样个体就可以主动暗示自己正要扮演的角色。于是对于特纳而言，角色领会就是角色构建，而人们在三种意义上构建角色：①他们面临着一个松散的文化结构，在这时他们必须构建一个角色以扮演。②他们假定他人也在进行角色扮演，所以努力构建在一个人行为背后的角色。③在所有的社会情境中，人们都试图寻求为自己构建一个角色，主要是通过向他人发出暗示，确认某一角色来实现。这样互动就成了角色领会和角色扮演过程的连接点。

结构角色论和过程角色论看似针锋相对，实际上是互补的，许多学者都认识到了这点，并融合两者一起建立一个统一的角色理论。如斯特里克（S. Stryker）等把互动过程看成是在结构框架下具有角色规定的方向性的，而角色扮演的同时又发挥着创造性作用的能动辩证过程（E. Aronson，2007）。

3.2.4 角色理论的应用

近年来，角色理论已引起人们的普遍重视，并正在大量地应用于教学活动和企业的组织管理，基于角色理论，学者从不同角度提出了角色模型。目前，最典型的角色模型有卡恩的"重叠角色组"理论、明茨伯格的管理角色理论和贝尔宾的团队角色理论。卡恩认为，组织中的每一个人都有一个职位，与他协同工作的人组成了这个人的"角色组"，这个人则称为"中心人物"。因此，整个组织可以看成是一个由许多这样重叠相连的"角色组"构成的。组织成员的行为可以从角色冲突、角色不明和角色负担过重三个方面来研究。角色冲突是指角色组中的不同成员，对中心人物的期望是不同的，角色组中的人员构成越复杂，其角色冲突就越大；角色不明是角色组中的成员，没有把中心人物完成任务所需要的情报资料传达给他，因此，中心人物就不能够及时地作出应有的反应；角色负担过重则是指中心人物往往会遇到来自许多角色组成员的期望，而这些期望有的不符合要求，有的在短期内不能实现，因而使中心人物无能为力。贝尔宾博士和他的同事们经过多年在澳大利亚和英国的研究与实践，提出了贝尔宾团队角色理论，即一支结构合理的团队应该由八种角色组成，这八种团队角色分别为：行政者或实干家、协调者、推进者、创新者、信息者、监督者、凝聚者、完美主义者。明茨伯格则提出了著名的管理角色理论。他将管理者的角色划分为三种类型，而在每种类型里又分别包括若干种不同的角色。这三种角色类型主要是指人际角色、信息角色和决策制定角色。人际角色就是处理各种人际关系的角色，包括挂名角色、领导角色和联络角色等；信息角色是负责对各种信息的搜集整理和接受传播等方面的角色，其中主要包括接受者的角色、传播者的角色、发言者的角色等；而决策制定角色，就是以个人拥有的某些权力，对有关方面的决策行使最后决定的角色，这种角色主要包括倡导者的角色、谈判者的角色、冲突处理者的角色、资源分配者的角色。

角色理论在企业管理中的应用研究，大多数学者是以贝尔宾团队角色模型为基础对团队进行研究。研究内容主要为团队建设、团队与个人关系和团队绩效方面。在团队建设中，管理者过多地注重团队的外在路径而忽视了团队建设的内在路径（付立红，2012），许多学者则基于贝尔宾团队角色理论的视角，分析了应该如何进行团队建设。陈贡（2005）指出贝尔宾团队角色模型主要应用于组建角色搭配合理的团队、建设高效能的工作团队、发展动态平衡的工作团队，而高效的团队应该具备角色齐全各显其能、容人所短用人所长、尊重差异优势互补、增强弹性主动补位这四个特征（徐力，2009）；宋兆晴（2012）则以贝尔宾团队角色模型为基础，对环境审计人员团队角色的胜任能力进行了评价，提出了保持和提高环境审计人员团队角色胜任能力的措施。在团队与个人关系的研究中，大多学者从员工的角度出发，分析贝尔宾团队角色模型的内涵，指出团队成员应重视自己角色定位与角色信息的传递，以此指导个人与团队的关系（包若澜，2015；郑彩霞，2016）；毛蔚（2014）则依据贝尔宾团队角色模型，对不同类型的团队以及不同工作阶段的团队角色偏好进行了统计分析，探索了团队合作满意度。在团队绩效的研究方面，学者研究了团队角色对团队绩效的影响，并指出团队互动过程起到了中介的作用（袁炳耀，2008；李朝波，2011）。崔红霞（2014）还基于贝尔宾团队角色模型，探讨了通过团队角色模型实现人才聚集对企业的经济效益产生的影响，并结合企业的实际情况，提出了实现人才聚集效应的相关途径。

除了基于贝尔宾团队角色模型，还有学者研究了在过程角色论中最重要的部分——角色扮演过程。曹昱（2007）指出角色扮演要经过角色期待、角色认同和角色表现三个阶段，同时个人应明确自己的角色扮演，以减少工作中的角色冲突（李正欢，2009）。刘洪深等（2011）通过研究顾客参与对员工工作满意的影响，指出这一过程可以从角色压力、角色导向和角色替代三个方面解释。张敏（2010）则通过对角色理论进行整体的分析，提出解决中小企业人才危机应将以"人"为最小管理单位的人才管理方式转变为以"角色"为最小管理单位的虚拟人才管理方式，并通过人才细分、角色配置、角色激励等手段，发挥"一人多用"的优势，实现角色聚集，从而达到人才聚集经济效应的效果。

3.3　前景理论

3.3.1　前景理论的概述

前景理论最早由 Kahneman 和 Tversky（1979）明确提出，一些文献称其为原始前景理论（Original Prospect Theory）（Fennema 和 Wakker，1997），或者初代前景理论（First – Generation Prospect Theory）（Schmidt 等，2002）。Kahneman 和 Tversky 首先定义"前景"是不确定的事件，认为个体在进行决策时实际上是对"前景的选择"。人在作选择的时候会经历从编辑（Editing Phase）到评价（Evaluation Phase）这两个基本阶段。编辑是对不同的"前景"作简化和重新编码（Encode），在编辑阶段，人们通过对事物的直接感知接收初步信号，对事件进行预处理，包括数据整合、简化，不同的整合、简化方法会得到不同的事件及其组合。评价是决策者对每一个被编辑过的前景加以评价，然后选择最高价值的前景。原始前景理论通过对大量的实验和效用函数的运用，得出了四个结论：①人们不仅看重财富的绝对量，更加看重的是财富的变化量。②人们面临获得前景时更加倾向于风险规避，而面临损失前景时更加倾向于风险趋向。③人们对损失比获得更敏感。④前期决策的实际结果会影响后期的风险态度和决策。前景理论是以人的心理变化特征为基线的理论，能够有力解释人的行为选择，从而描述现实情况下人们的决策行为，对风险角色和管理工作的开展均有着重要的作用。

原始前景理论提出后，在学术界引起了很大轰动，但很快有学者意识到原始前景理论仍存在一些不足，如原始前景理论一方面由于违背了一阶随机占优，另一方面由于自身的局限性，最多只能分析两个非零的结果。因此，Tversky 和 Kahneman（1992）在借鉴了 Quiggin（1982）、Schmeidler（1989）、Yaari（1987）、Weymark（1981）等文献的基础上，对原始前景理论进行扩展，提出了考虑决策者风险偏好的累积前景理论，同时方案前景值计算主要由价值函数 $V(\Delta x_i)$ 决定，见式（3－1）。式中 Δx 为 x 相对于参考点决策者处于损失或收益的状态，$\Delta x \geqslant 0$ 表示获得收益，$\Delta x < 0$ 表示受到损失；α 和 β 分别为风险厌恶系数和风险偏好系数，$\alpha > 0$，$\beta < 1$；θ 表示相比收益，决策者对损失更加敏感，其中 $\theta > 1$。累计前景理论给出了前景理论中价值函数的具体形式，并且估计出了参数，能够解决原始前景理论违背一阶随机占优的问题，也能够解决原始前景理论中只能有两个非零结果的情况。

$$V(\Delta x_i) = \begin{cases} (\Delta x)^{\alpha}, & x \geqslant 0 \\ -\theta(-\Delta x)^{\beta}, & x < 0 \end{cases} \tag{3－1}$$

3.3.2 前景理论的应用

国内学者针对前景理论的应用研究主要集中在决策方法、市场营销与前景理论和期望效用理论对比方面的应用研究。

（1）前景理论在决策方法方面的研究。

针对前景理论，有学者认为先个体后集体的决策方式可以较好地规避前景理论效应（刘志远等，2007），还有学者主要是在研究该理论的基础上，根据不同的决策问题提出新的决策方法。周维等（2005）对不同风险不确定决策源类型作了不同的处理，基于应用累积前景效用理论和概率权重函数，提出三步骤权重处理框架，并对"获得"和"失去"采用不同的处理方式；王亮等（2013）和樊治平等（2012）基于前景理论的思想，针对突发事件应急决策的特点，提出了应急决策方法。针对风险型混合多属性的决策问题，张晓等（2012）将决策者给出的各属性期望作为参照点，建立了风险收益矩阵和风险损失矩阵，并依据前景理论计算每个方案的综合前景值，提出决策方法；龚承柱等（2014）依据决策者对各个属性的期望，将决策矩阵转化成为前景决策矩阵，最终得到各方案的综合前景值，并依据综合前景值的大小进行方案排序。针对指标权重不完全确定、方案的指标值为模糊数的决策问题，有学者也提出了不同的决策方法。王坚强等（2009）以前景理论及模糊数距离公式为基础构建方案综合前景值最大化的非线性规划模型，提出了一种基于前景理论的模糊多准则决策方法；李鹏等（2012）进一步定义了新的记分函数，运用灰色系统理论确定指标的权重，并通过前景理论对方案进行对比和排序，提出一种新的记分函数的随机决策方法；刘勇等（2013）和闫书丽等（2014）针对权重信息部分已知且属性值为区间数的多目标决策问题，则提出了基于前景理论的区间数多目标灰靶决策方法；江文奇（2014）针对准则值均为模糊数的风险型多准则决策问题，提出一种基于前景理论和 VIKOR 的多准则决策方法；朱丽等（2014）针对各属性值为犹豫模糊元及区间犹豫模糊元的风险型多属性决策问题，利用各方案加权前景值对方案进行排序，据此提出了一种基于前景理论的决策方法；阚翠平等（2018）则针对属性权重未知、属性值为犹豫模糊集的决策问题，提出一种前景理论和逼近理想解相结合的多属性决策方法。部分学者还将前景理论运用于电力系统的决策中，高山等（2014）基于前景理论建立了间歇性电源高渗透率电网规划方案评价指标体系；李如琦等（2013）则结合前景理论，构建了电力系统黑启动方案的综合评价指标体系。

（2）前景理论在市场营销方面的应用研究。

在市场营销方面，学者的研究重心主要集中在对订货行为的研究和产品规划方案方面的研究。

针对订货行为，学者从不同角度重新构建了订货模型。刘咏梅等（2010）应用前景理论，针对需求不确定条件下零售商的订货行为，建立了新订货模型。为进一步描述零售商的实际订货行为，周艳菊等（2013）在前景理论的框架下分析、推导了随机市场需求下零售商对两产品订货的价值函数、主观概率与决策权重函数，并建立了订货模型；褚宏睿等（2015）则在前景理论的框架下引入回购和缺货惩罚因素，进一步给出了前景理论最优订货量与回购价格及缺货惩罚价格的函数变化关系。在产品规划方案方面，为了以有效的方式反映决策者的心理和行为特征，王增强等（2013）提出基于不确定语言信息熵和前景理论的产品规划方案选择方法；姜艳萍和程树磊（2012）为了解决新产品开发中考虑竞争产品方案评价信息的方案选择问题，依据新产品开发方案与竞争产品方案相比的绩效确定前景参考点给出了前景价值函数和权重函数，得到新产品开发方案的优选结果，基于此，提出了一种基于前景理论的决策分析方法。除此之外，孔东民（2005）还基于前景理论，对我国城镇居民的消费行为进行了研究；邹鹏等（2014）基于前景理论，设计出新的客户回报计划，并在此基础上提出了管理建议。

（3）基于前景理论与期望效用理论对比的应用研究。

部分学者单纯地对比了两个理论的优劣性，有学者对期望效用理论和前景理论进行了一致性研究，认为在一个理性人应当遵循的代数结合律公理的条件下，前景理论和期望效用理论的结论是一样的（边慎等，2005）；而杨建池等（2009）指出在实际决策时，应采用前景理论代替期望效用理论作为决策模型，它更符合人类实际的决策模式；赵树宽等（2010）则分析了前景理论与期望效用理论在假设、原理、价值函数、权重函数、决策者关注点和应用范围的不同点。总的来说，对具体问题究竟采取哪种模型，必须对案例数据进行具体分析，然后根据特征进行选取（施海燕、施放，2007）。

还有部分学者在分析路径选择行为的基础上，对前景理论与期望效用理论进行了对比研究，认为在路径选择行为中，前景理论更占优势，认为前景理论在描述出行者的路径选择行为时能够在一定程度上克服期望效用理论的不足，可以较准确地刻画出行者在不确定性条件下的路径选择决策行为（赵凛等，2007）。杨志勇等（2010）认为研究路径选择问题的传统理论——期望效用理论存在许多不足，他以出行者的日常上班出行为研究对象，在前景理论的基本框架下，研究实时交通信息影响下的路径选择问题，分析了出行者的路径选择决策过程。还有学者则从传统的期望效用理论和前景理论两个方面对一份关于出行者路径选择的调查数据进行了分析，结合两种理论提出了通过具体的效用度量对出行者路径选择行为进行分析的方法（徐红利等，2007）。

3.4 心理契约理论

3.4.1 心理契约的概念界定

心理契约最早由 Argyris（1960）提出，他在《理解组织行为》一书中用心理的工作契约（Psychological Work Contract）一词来说明雇员与主管之间的关系。他认为既然主管采取积极的领导方式，员工就会有最优的产出，而且员工一旦接受这种方式，那么员工和主管之间就发展出一种心理上的工作契约。在这一前提下，如果主管采取尊重员工的非正式文化态度，那么员工就会表现出较少的抱怨，维持较高的生产效率。但 Argyris 并未对其概念进行明确的说明，只用于描述组织中 8 员工与主管间的关系。此后，大量关于"心理契约"的界定主要分为古典学派与现代学派，如表 3 − 1 所示。

表 3 − 1 心理契约概念

学者	心理契约界定
	古典学派
Argyris（1960）	心理的工作契约（Psychological Work Contract）
Levinson（1962）	组织与员工间隐含的、未公开说明的互相期望的总和，是一种未书面化的契约（Unwritten Contract）
Kotte Jr. P.（1973）	存在于个体与其组织之间的一个内隐契约（Implicit Contract），强调这种内隐状态下的期望（期望付出什么与收益什么）
E. H. Scheni（1980）	时刻存在于组织成员之间的一系列未书面化的期望（Expectation）
Herriot 和 Pemberto（1997）	雇佣关系双方对关系中所包含的义务和责任的认知和信念

续表

学者	心理契约界定
陈加洲等（2001）	在组织与员工的关系中，彼此对双方的付出和得到的一种主观上的心理认定，主要是针对内隐的、没有明文约定的双方责任
丁容贵和张体勤（2002）	组织与员工一系列相互的心理期望，这些期望是契约双方相互知觉但非明确表达的
现代学派	
Rousseau D. M.（1990，1995）	个体所持有的对个人与组织的信念（Brief），这种信念是单向的，是特定的个体双方所持有的，以双方在交往中作出的或者隐含的承诺为基础
Robinsn S. L.（1994）	这种信念指一定的时期内、一定的环境下员工个人对员工贡献（如忠诚、能力和努力等）与组织诱因（如工资、晋升与福利等）之间的交换关系的感知、理解与承诺
Morrison（1997）	员工对其与组织之间互惠责任的理解和信念，这种理解的基础是员工感知到的来自组织的承诺，但组织代理人未必认可这些责任和义务
Schemrehtom（2002）	一整套个人对组织的关于工作关系的内容所持有的心理期望的集合
李原和郭德俊（2002）	心理契约不仅是期望，还包含对双方责任和义务的承诺和信念。心理契约包括员工认为他们有资格得到和应该得到的东西
余探（2007）	员工基于对组织应尽义务而对组织抱有的期望，具有主观性、动态性和与组织互惠的特征

古典学派的心理契约观点认为"心理契约存在于组织与员工间的一种心灵上的未进行文字表达的期望、认知或信念，涉及员工与组织间的互相联系"，Levinson 等（1962）通过对 874 名员工的面谈资料进行分析后，提出心理契约是组织与员工之间相互的期望，尤其强调那些隐含而影响两者关系的期望。Schein（1965；1978；1980）认为心理契约是决定组织行为的重要因素，是存在于组织成员与其他人之间的一系列不成文的期望，包括员工对组织的期望和组织对员工的期望。Kotter（1973）认为心理契约是个人期望组织付出和从组织中得到的内容及组织期望个人付出和从个人中得到的内容，是一种个人和组织之间的内隐性协议。Herriot 和 Pemberton（1995）认为，心理契约就是双方这种感知的实现过程。广义的心理契约观对心理契约的理解倾向于"存在于雇佣双方之间的一种未书面化的契约者（Unwritten Contract）、内隐契约（Implicit Contract）等"，而对

于心理契约的签约主体，古典学派的心理契约观认为存在两个感知主体：员工个人和组织，组织要求员工在绩效等方面履行相关的义务，与此相应的是组织要满足员工多种不同的需要。约定的义务内容包括工作内容、工作安全、职业训练与发展、奖励与福利、未来职业前景等（Herriot，1995）。

20 世纪 80 年代后期，对心理契约概念的理解进一步深化，出现了以 Rousseau、Robinson、Morrison 等为代表的现代学派的心理契约观。Rousseau（1989）发表的《组织中的心理与隐含契约》中，认为心理契约是员工与第三方在互惠交往中以双方所做出或暗示的承诺为基础的主观信念。Robinson 等（1994）进一步指出这种信念是员工对自身贡献和组织诱因之间交换关系承诺的理解和感知，其中，贡献包括外显和内在贡献如努力、能力、忠诚等，组织诱因则包括报酬、晋升和工作保障等。当员工个人相信自己对组织的付出一定会得到组织合理的回报时，信念就形成了心理契约。这种理解将心理契约转向了个体层面，强调员工个体对组织责任和自身责任的感知。在这之后，Robinson 和 Morrison（1995）对心理契约概念进一步予以明确，将其定义建立在对承诺的主观理解基础上的员工对其与组织之间的相互义务的一系列信念，但组织或其代理人并不一定会意识到这些信念。在狭义心理契约论中，组织作为一个抽象的系统已经不再作为缔结心理契约的一方，其缔结契约的主动地位已被每个员工个体内化为一种主观认识中的模塑物，即组织由一种客观存在变化成多个具有明显差异的个体感觉物。在这种情况下，心理契约成为了个体所持有的对组织与个体间的一种单向义务、责任的心理期望。古典学派的心理契约论和现代学派的心理契约论的区别及矛盾点表现在心理契约是个体对组织单向的认知还是组织与个体双向的互动。古典学派的心理契约观点将其认为是员工和组织双方对互惠交往关系中彼此义务的主观理解，而现代学派则将心理契约理解为只是员工个体对双方互惠交往关系中彼此义务的主观理解。

3.4.2　心理契约的维度划分

除了心理契约的界定，学者还对心理契约的结构维度进行了大量研究。在心理契约的结构维度上，学者对心理契约的构成维度主要存在二维、三维两种划分方式，二维的划分方式最早由 MacNeil（1985）提出，他指出契约关系中包括交易型与关系型两种成分，其中交易型的特征是短期性、关注经济因素，而关系型的特征是开放性、重社会情感。随后 Tsui（1997）、Millward 和 Hopkins（1998）、Kickul 和 Lester（2001；2002）进行了实证研究，验证了心理契约包含交易因素和关系因素，进而从理论上支持了二维结构的心理契约构成。同时，也有许多学者支持三维的研究，Rousseau 和 Tijorimala（1996）以美国护士为对象进行了研究，指出当组织的环境强调的是人际配合、团队取向时，除了交易维度和关系维度外，还有团队成员维度，即心理契约三维度结构；Lee 等（2000）进行的一项研究中，再次证实了 Rousseau 等人提出的交易维度、关系维度和团队成员维度；Coyle 等（2000）也探查了心理契约的构成，研究结果发现心理契约的构成维度在已有的交易与关系两个维度基础上，又增加了员工培训维度。还有学者从员工和组织之间互惠责任的角度探查心理契约概念，并对其构成维度进行了更为细致的划分。1995 年，Rousseau 根据雇佣期限（Time Framework）和绩效要求（Performance Requirements）两个维度两两配对，把心理契约划分为四个维度，包括关系型责任、交易型责任、平衡型责任以及过渡型责任，但 Rousseau 在 2004 年的研究中取消了过渡型心理契约，指出心理契约只存在三个类型，即交易型、关系型和平衡型。

国内学者针对心理契约的结构也进行了大量研究，维度划分也以二维和三维为主。部分学者基于 MacNeil（1985）的"关系—交易"二维结构，结合我国企业实际情况做了进一步验证。陈加洲等（2004）对中国企业和组织之间的心理契约进行理论和实证研究，认为存在与交易型、关系型类似的两个维度，将其命名为现实责任和发展责任。廖庆云（2007）指出心理契约中交易契约位于心理契约的下层，关系契约位于心理契约的上层，只有当交易契约得到满足和保证后，人们才会追求更高一级关系契约。蔡文著和叶善青（2012）、杨慧和刘德军（2014）也指出龙头企业与农户之间具有明显的心理契约存在，且以"交易型契约"与"关系型契约"两个维度的结构方程模型为最优。肖凤德（2003）对中国文化背景下员工的心理契约定义及其结构进行研究，得到了一个双层结构下将心理契约细化为更多维度的结论；同时，还有部分学者认为心理契约存在三维结构。李原（2002）在对中国企业员工的心理契约进行研究后，认为其由三个维度构成：规范型责任、人际型责任和发展型责任；李原和孙健敏（2006）进一步探究了心理契约概念的构成，表明心理契约应包含规范型、人际型和发展型三个维度；朱晓妹和王重鸣（2006）同样以中国企业员工为研究对象，得到了发展机会、物质激励和环境支持三个心理契约构成维度；范丹和李文川（2011；2012）通过问卷调查的方法，得出民营企业员工心理契约由"基本责任""发展责任""情感责任"三个维度构成，并指出三维结构观点更适合当前民营企业与员工雇佣关系特征。还有学者指出中国文化背景下经理人的心理契约结构维度由交易型契约、发展型契约、情感型契约和管理型契约四个维度构成（谢发胜，2006）。

3.4.3　心理契约的破与违背

国内还有学者对心理契约破裂与违背进行了研究，杨杰等（2003）指出心理契约破裂与违背的研究主要有两个重点，即违背与破裂本身和违背的后果。他们对心理契约破裂与违背的概念做了区别，认为前者是一种"认知"，后者是情绪混合体（包括失望、愤怒等）。沈伊默和袁登华（2006）结合 Morrison 和 Robinson（1997）的研究，认为心理契约破裂更侧重于认知性感受，来自员工对组织未能履行心理契约，而心理契约违背侧重员工因组织不履行心理契约所出现的情感性反应。何燕珍和张莉（2004）则将心理契约破裂视为员工的一种"情绪体验"，指出当员工发现心理契约出现破坏时，会产生生气、愤怒等心理情绪反应。马旭军和宗刚（2015）在以往学者研究基础上提出交易型心理契约破裂、人际关系型心理契约破裂、工作支持型心理契约破裂、成长与发展型心理契约破裂作为心理契约破裂的构成维度，并通过实证研究方法开发了其测量量表。

3.4.4　心理契约理论的应用

针对心理契约大量的研究是在 20 世纪 80 年代末 90 年代初由国外学者提出的，早期对心理契约内容的探讨着重在对员工和组织互相要求这方面，如组织对员工的理解、认同、工资保障和长期雇佣以及员工对工作的胜任和忠诚等的案例描述。国内学者对心理契约的关注始于 20 世纪末，近十几年来研究广度和深度不断加强，对该理论的应用研究也逐渐形成以人力资源管理研究为重点的研究。国内学者对心理契约的应用的研究领域涉及：团队研究（吴其伦等，2003；陈中卫等，2009；方海永，2012；朱学红等，2014；王金娇，2016）、企业变革特别是并购方面（程兆谦，2001；陶祁和刘帮成，2002；段从清和杨国锐，2005；罗帆和金占涛，2005；赵菁，2013），研究内容集中在心理契约遭到破坏的影响因素、对心理契约的重新整合以及绩效等。

心理契约以人力资源管理中的应用研究为主，研究的对象多集中在知识型员工身上（屠海群，2002；廖冰和杨秀苔，2003）。部分学者基于心理契约理论对激励问题进行了研究，通过分析当前知识型员工激励方面存在的问题、知识型员工的个性特征和需求，分别从不同方面提出对知识型员工的激励策略、建立激励模型（王黎萤，2005；刘向阳和李帆，2013）。肖绶（2003）还对他们的可观察行为和绩效可控的不可观察行为实施有效激励，使他们的行为与企业目标更协调一致，实现企业的持续发展。部分学者针对知识型员工"流失"这一主题进行了研究。张建民和杨子敬（2009）探讨了心理契约与员工流失的关系，由此构建了员工流失过程模型；还有学者探讨了知识员工离职倾向和心理契约与工作满意度（彭川宇，2008）、心理契约破裂（钱士茹等，2015）的关系；同时部分学者还基于心理契约理论对影响员工离职意向的因素进行了研究（李伶，2007；周莉，2014）；而员工的整个雇佣周期可以分为四个阶段：招聘阶段、工作适应阶段、工作阶段、退出阶段（王森等，2007），同时心理契约也是一个循环变动的过程，企业只有掌握好员工的心理契约才能留住人才（熊志华，2003）。此外，罗静和于敏飞（2013）对知识型员工忠诚度进行了研究，将知识型员工的忠诚度分为培育期、震荡期、认同期、反刍期和固化期五个阶段，并构建了基于知识型员工心理契约视角的忠诚度模型。还有学者以北京地区高新技术企业青年员工为调查对象（岳玲军，2006），或以某通信公司为例（于生权，2007），基于心理契约理论对知识型员工职业生涯规划管理视角进行了研究。

除了针对知识型员工，学者在人力资源管理领域还开展了其他研究。李海霞和姜方放（2002）探讨了心理契约在人力资源管理的几大职能：招聘、培训、激励等方面的影响；米家乾（2003）探讨了心理契约在薪酬设计研究中的应用，他认为与企业业绩挂钩的CEO报酬方式会促使CEO与企业之间建立交易型的心理契约，诱发他们对物质利益的过分追求；蔡建群（2008）采用截面调查方法研究国有企业管理者与员工之间心理契约及其对员工缄默（呼吁）行为的影响。还有学者围绕量表进行了研究，马玉凤等（2010）利用心理契约量表对制造业企业员工进行了调查，指出企业规模越大员工心理契约质量越差，且不同人口统计特征员工的心理契约状况差异显著。胡琪波和蔡剑峰（2013）则基于心理契约的三维度结构视角，开发出针对中小企业员工心理契约的测量量表，并以辽宁省 10 家中小企业的员工为例进行了实证调查研究，据此从不同方面提出管理对策。

3.5　社会资本理论

3.5.1　社会资本的概念界定

社会资本（Social Capital）一词最早在 1916 年由海尼凡（Hanifan）、雅科布（Jane Jacobs）和洛瑞（Glenn Loury）等提出，而真正奠定了社会资本的理论框架基础的是社会学家皮埃尔·布迪厄（Pierre Bourdieu）。皮埃尔·布迪厄于 1985 年首次系统地提出社会资本的概念，认为社会资本是一种通过对关系网络的占有而获取的资源集合体，这种资源可以是实际占有的，也可以是潜在的。认为社会资本是"在交换过程中产生、维持和得到加强"的，尽管社会资本是一种个人资产，但它之所以成为一种资本，是由于它在社会交换过程中的作用。随后，林南（1999）将社会资本定义为对社会关系构建进行的投资，并期望获得经济回报，认为社会资本是在目的性行动中被获得的或被动员的，嵌入在社会结构中的资源。林南的同事伯特（1992）还提出了结构洞理论，认为社会资本投资的回报可能来自社会网络中的亲近人员，如果一个人能建立一个"结构洞"，那么他获得的回报将更多，也就是说，他是两个互不联系的网络间的唯一联结点。在社会关系网络中这样的地位可以使个体获得有用信息。由格兰诺维特（Granovertter，1973）提出的一对相关术语——"强关系、弱关系"也会影响着个体对社会资本的获取。他认为，个体与他人的关系越强，获取的社会资本越可能正向地影响其表达性行动的成功。即关系越强，越可能共享和交换资源；关系越弱，越可能自我获取异质性资源。"强关系"是在同家人和朋友关系中产生的，是亲近的关系网络；"弱关系"中的行动者之间的关系比较疏远，但是却可能是你能够信任、可以征求意见的人，可以为你提供帮助。

社会资本最初主要研究人与人之间关系网络中的共同资源，聚焦于美好意愿的培养、同情感以及社团成员间的社会交往（Woolcock，2004），即人际关系网络，是一种有助于个体在社群中发展的关系型资源（Jacobs，1965）。对社会资本的研究已经成为管理学领域研究的一个重要方面（Burt，2000），总的来说，社会资本是一种有价值的资产，其价值来源于通过社会关系所获得的资源，这个观点在理论界已经达成一致（Granovetter，1992）。目前对于社会资本的界定还存在一些争议，不同学者从网络组织、价值观念、行为规范、互惠信任以及合作行动等各个不同的侧面对社会资本概念进行了界定，如表3-2所示。

表3-2　社会资本概念界定

侧重层面	学者	社会资本界定
网络组织	Bourdieu（1986）	与拥有持续的制度化网络关系和相互的了解与认识相关的实际或潜在的资源总和
	Pennar（1997）	社会关系的网络，会影响个体的行为从而影响经济增长
	Adler 和 Kwon（2002）	社会资本来源于某一企业的外在社会关系，其主要功能是帮助社会参与者获得外部资源
	Hansen 等（2002）	网络联系的强度和频率是社会资本的重要体现
合作行动	Burt（1997）	通过朋友、同事等关系获得的，使用财务和人力资本的机会，是关系网络中的中介
	Brehm 和 Rahn（1997）	有助于解决集体行为中存在的问题的合作关系网络
	Yli - Renko 等（2001）	企业与关键顾客、供应商之间有助于知识的创造、获取和利用的网络关系
	Aquin 和 Serva（2005）	从共同知识的层面，认为共同语言作为个体在知识方面的共性，有利于社会资本的形成
	Lizardo（2006）	社会资本建立在员工社交性的基础上，社交性是对于发展有效的社会联系和社会网络所必需的社会技巧、能力、智力等因素
	Totterdell 等（2008）	在社会技能基础上，对员工具备的有效社会交互所需的能力进行检验，是组织为有效的社会交互提供必要的资源支持的前提

续表

侧重层面	学者	社会资本界定
行为规范	Coleman（1990）	社会资本并不是一个单独的实体，而是由许多实体组成，包括了社会结构的一些方面
	Baker 等（1990）	社会成员从特定的社会结构中获取的资源，并且被用于追求自身的利益，创造与社会成员间关系的改变
	Portes（1998）	在关系网络或其他社会结构中的成员身份获得收益的能力
价值观念	World Bank（1998）	一个社会的社会资本包括组织机构、关系、态度与价值观念，它们支配人们之间的行为，并有利于经济和社会的发展
整合层面	Bourdieu（1992）	实际或潜在的资源集合，带给个人或群体制度化的关系网络以相互了解和认可的机会
	Fukuyama（1995）	在群体或组织中为了共同目标一起工作的个体的能力，在合作的群体成员间共享的价值和规范
	Putnam（1993；1995）	指社会组织的特征，例如网络、规范和信任，它们有助于人们为了共同的利益进行协调与合作
		如程序、规范和社会信任等社会组织的特征，有助于互惠互利地协调合作
	Nahapiet 和 Choshal（1998）	内嵌于并且可以通过个体或社会单元的关系网络获得的实际或潜在的资源，包括可以在网络中转移的资产
	Woolcock（1998）	蕴含在关系网络中的信息、信任和互惠的规范
	Knoke（1999）	社会成员在组织内和组织间建立和移动网络联系，从而获得其他社会成员的资源的过程
	Lee 等（2006）	包括社会网络关系中企业与价值链下游顾客间信任在内的垂直方向的顾客信任，以及企业内部水平方向的员工信任
	Allen 等（2007）	通过在政策、工作描述和组织蓝图中界定正式的关系，对社会网络的形成和发展进行支持
	Li（2007）	弱关系可以提供新的知识，强关系可以为问题的解决提供关系的支持，构成了社会资本的基础

3.5.2　社会资本的维度划分

目前，关于社会资本的维度划分，国内外有两种最受认可并具可操作性的观点。第一种观点是 Gittelll 和 Vidal（1998）提出的，将社会资本区分为"桥接型社会资本"（Bridging Social Capital）和"联结型社会资本"（Bonding Social Capital）。"桥接型社会资本"关注那些嵌入在个人社会网络中的关系资源，例如信息或知识等，这一类型的社会资本的作用是在不同的主体之间建立一种桥梁纽带机制。"联结型社会资本"指的是存在于一个组织或者群体内部的资源，比如信任、责任、规范等，这些资源能够在不同主体之间产生黏合剂，使组织或群体内部的认同增强，促进互惠和合作。Davidsson 和 Honig（2003）从另一个角度将"桥接型社会资本"描述为所有通过"弱关系"获得的潜在资源，将"联结型社会资本"描述为通过"强关系"获得的资源。

第二种观点由 Nahapiet 和 Ghoshal（1998）提出，他们根据嵌入性观点，对社会资本进行了更加细致的划分，根据影响社会资本的因素将社会资本划分为三个维度：结构维社会资本、认知维社会资本和关系维社会资本。社会资本的结构维度是指关系和网络的结构，又被称为结构性嵌入，是指行动者之间联系的整体模式。此维度强调社会关系网络非人格化的一面，重点关注网络结构与网络关系的特点，即网络关系的存在性、强度以及网络的密度、边缘与中心等；社会资本的关系维度指的是在这些关系中影响人们行为的因素，又称为关系型嵌入，是指通过建立联系而获得的社会资本，包括信任、规范、义务和期望以及认同等因素。此维度关注社会关系网络中人格化的一面，即行动者拥有的具体的、动态变化的人际关系，是行动者在行动过程中建立的具体关系；社会资本的认知维度是指由行为主体共享、能影响社会资本产生的因素，是提供不同主体间共同理解的表达、阐释与沟通的系统性资源，包括语言、符号和文化习惯，在组织内还包括默会知识等。社会资本是社会结构的构建力量之一，个人在社会结构中的行动以及智力资本的产生与再产生，都在一定程度上受社会资本的影响。

除了以上两种观点，还有学者从其他角度进行了划分。Yli－Renko（2001）将社会资本分为三部分：企业间交互作用的水平、以互信和互惠为基础的关系质量以及通过关系建立的网络联系；Landry 等（2002）在研究中从五个方面对社会资本的结构维度进行了测量，即商业网络资产、信息网络资产、研究网络资产、关系资产和参与资产，并且通过互信机制的建立对认知维度进行测量；Krishna（2002）在研究中指出，结构型社会资本是指通过程序、规则等建立起来的社会网络关系，促进信息的共享和制定相应的政策制度，认知型社会资本是指共同的规范、价值观、信仰等。Adler 和 Kwon（2002）还采用两分法对社会资本进行了维度划分，将中观层面和微观层面的社会资本合称为外部社会资本，因为这些社会资本来源于某一企业的外在社会关系，这些社会资本的功能主要是帮助参与者获得外部资源；他们还将宏观层面的社会资本称为内部社会资本，由于这些社会资本形成于参与者的内部关系，其作用在于整体提升行动的水平。

3.5.3 社会资本理论的应用

国内学者对社会资本理论的应用研究主要在农林经济管理和企业管理领域。

（1）社会资本理论在农业经济管理的应用研究。

社会资本理论在农业经济管理的研究主要集中在合作社、贫困问题等方面。

合作社的运作深深嵌入当地社会资本中，它既是一个开展交易活动的组织也是一个互惠性互助性的利益共同体（黄岩和陈泽华，2011）。合作社通过政治性与商业性社会资本汲取外部资源与信息获取合作社的效率性，通过内部社会资本整合获取合作社所需的合法性（崔宝玉，2015）。部分学者针对合作社社员和社长的社会资本进行了研究，发现规模农户加入合作社可以获得社团型社会资本，并能够提升其原生型社会资本（周月书等，2019），而社长的内部社会关系网络呈现出同质性，其中信任因子对社长的内部社会资本水平的贡献度较高（鞠立瑜等，2012）。学者还对"社会资本—行为"这一主题进行了研究，张德元和潘纬（2016）探讨了农民专业合作社内部资金互助行为的社会资本逻辑，认为合作社网络所孕育的信任关系、规范和惯例等非正式制度，提高了社员间的合作动机，从而保障了社员资金互助的合作稳定性，而以理事长为代表的合作社核心成员政治性社会资本越丰富，越容易获得政策性资金（徐志刚等，2017）；周宇等（2019）还对社会资本与农户参与合作社的决策行为进行了研究，发现社会网络、社会参与和一般信任都对该行为有影响。还有学者对社会资本对合作社产生的正向影响进行了研究。由于合作社的价值理念决定了其财务资本获取是基于其社会资本（余丽燕和 Jerker Nilsson，2017），社会资本对合作社的运营发挥了重要功能（赵凌云和王永龙，2008），其对合作社的组织绩效、成员满意度及总体绩效均具有显著正向作用（廖媛红，2015）。对于绩效，梁巧等（2014）认为合作社绩效受到结构性社会资本和认知性社会资本的正向影响；戈锦文等（2016）则进一步指出结构性社会资本直接对创新绩效产生影响，而认知性社会资本通过吸收能力间接影响创新绩效。针对满意度，廖媛红（2012）认为合作社内部的结构型社会资本与认知型社会资本对成员的当前满意度、长远满意度及总体满意度均有显著正向影响；崔彩贤等（2020）则认为内部信任、内部规范这两个测量变量与社员满意度存在显著的正相关性，而社会规范与社员满意度之间呈显著的负向相关关系。此外，社会资本对合作社的成长性也有显著正向作用（李旭和李雪，2019）。

基于贫困的研究，学者目前形成了两种观点。部分学者认为社会资本有助于脱贫减贫。Chantarat 和 Barrett（2012）认为社会网络本质为物质资本的替代品或互补品，能够提高绝对贫困家庭的劳动生产率，进而提高收入水平。同时，收入水平的提高反过来能增强家庭的社交能力，从而扩大社会网络资本。这种良性循环将可能促使家庭最终摆脱绝对贫困。还有学者认为经济发展与经济增长是降低农村居民贫困发生率与提高居民收入的基础，而社会资本对我国经济发展与经济增长均起到显著促进作用，进而能够降低农村居民发生贫困的可能性（夏庆杰等，2010）。同时面对经济发展中伴随的收入不平等问题，社会资本作为重要的资本要素，能够缓冲收入差距对农村居民贫困的不利影响，进而缓解贫困。另外，也有学者指出社会资本并不总是能有效地实现脱贫减贫。贺志武和胡伦（2018）研究发现不同类型的社会资本对于不同维度的贫困所起的作用是不同的。关爱萍和李静宜（2017）指出社会网络资本对农户贫困有着显著的负向影响，而由于社会资本内在结构分布不平衡，贫困人口不但拥有的社会资本少，且能够利用的社会资本及获取社会资本投资带来的效应较差，进而其利用社会资本减贫的可能性较小（Cleaver，2005）。同时，社会资本与外部环境联系也极为紧密，社会资本作为一种无形资产，其依附于非正式的关系，但随着我国正规金融的发展与市场制度的规范，社会资本将受到正式性关系的制约。因此，减贫效应也受到负面影响（刘一伟和刁力，2018）。

除了以上两个基本观点，还有学者基于社会资本理论建立了扶贫机制。陈辞（2011）在探讨中国反贫困瞄准机制现状的基础上引入社会资本，强调了社会资本在当代反贫困中的重要作用，并依之设计了相应的反贫困瞄准机制；腾飞（2016）基于社会资本理论，构建包括识别精准、原因精准和措施精准的精准扶贫机制；孙远太（2011）认为扶贫机制的创新应包括投资政府社会资本和引导民间社会资本，两者共同构建了社会支持网；黄顺君（2016）指出积极培育政治信任、法制规范及其参与网络三种社会资本能够提高社会参与的西部少数民族地区精准协同扶贫机制的绩效，而通过重建社会信任、健全规范供给、扩大关系网络及政府角色换位等途径重构社会资本，能够为贫困地区的扶贫开发注入新的思维与活力（丁照攀，2016）。王强（2019）则进一步指出社会资本促进贫困家庭增收有三种机制：门槛效应机制、资源异质效应机制和环境嵌入效应机制。

除了"合作社""贫困"两个主题，还有学者对农户其他行为进行了研究。蔡秀和肖诗顺（2009）从社会资本理论出发，通过对家庭、家族和邻里关系等社会资本的分析，研究社会资本在农户借贷行为中应发挥的作用；高名姿等（2016）用社会资本理论对农村合作金融的生存机理做了分析，指出农民专业合作社可能是发展农村合作金融的有效途径；陈芳（2018）基于社会资本理论和行为经济学的认知理论，阐述了农户社会资本作用于金融机构决策和农户融资行为，继而影响农户有效借贷水平和借贷风险的逻辑路径。张文明等（2010）采用信任指数和互助指数对社会资本进行量化，并指出社会资本是影响农民灌溉水价支付意愿的重要因素之一；安彩英（2013）在分析新生代农民工的就业问题的基础上，指出要在社会资本理论的指导下，从微观层面、中观层面和宏观层面改善新生代农民工社会资本结构的劣势，进一步拓宽农民工就业途径。

（2）社会资本理论在企业管理的应用研究。

社会资本理论在企业管理方面的应用研究主要是针对企业绩效的研究。部分学者基于 Nahapiet 和 Ghoshal 提出的社会资本维度：结构维、认知维和关系维各维度对企业绩效的影响进行了研究（Westlund 等，2010；Hung 等，2011；Gronum 等，2012）。Karahanna 和 Preston（2013）通过对美国 81 家医院进行调研，证实了高管团队的关系性、认知性和结构性认知资本会正向影响企业经济绩效。谭云清等（2013）也从结构资本、关系资本和认知资本三个维度研究社会资本对组织绩效的影响。朱慧和周根贵（2013）就这个维度划分做过元分析，结果表明三个维度对组织绩效均起着正向作用。Ben Hador（2017）随后验证了该结论。同时，社会资本还能促进企业的知识转移和知识创造，从而提高企业创新绩效和财务绩效（Ahn 和 Kim，1564）。隋敏和王竹泉（2013）采用动态博弈模型揭示了企业社会资本对企业价值创造的影响机理。李四能（2014）研究指出，本年企业社会资本对本年经济增加值产生正向效应。王雷和陈梦扬（2017）通过对深圳中小板数据的实证研究指出，企业社会资本能缓解投资企业的融资约束。总结学者的研究，能够发现社会资本中的三个维度（结构资本、关系资本及认知资本）均能促进企业绩效。

在企业管理的其他方面，部分学者基于社会资本对企业管理架构进行了研究，由于企业类型不同，其对企业管理机制有着多种影响。谢洪明（2012）以2008~2009年申报广东省高新技术企业和民营科技型企业为研究对象，指出在小规模企业中，社会资本对企业管理创新不再产生显著的影响作用。社会资本在"冲突管理—创新绩效"中也起着复杂的调节作用（孙平，2014）。张莹等（2018）认为社会资本对公司发展的正效应只体现在规模增长上，社会资本可以发挥补充功能，弱化公司规模增长对运营资本管理的敏感性，但这种交互作用只体现在国有企业和市场地位低的企业。伍琳等（2018）基于对美国小企业投资公司计划管理运行模式的思考，认为我国应以正确处理好财政资金使用目标与社会资本逐利性的关系为前提，从改进中小企业创新引导基金监管模式、加强投资项目的可靠性审查两个层面采取具体措施，以引导社会资本流向中国的初创型中小企业。还有学者对技术创新能力进行了研究。朱陈松等（2010）从社会资本角度出发，以60家上市中小企业为研究对象，对这些企业管理者信用与技术创新之间的关系进行了实证研究，指出中小企业管理者的信用对企业技术创新有积极促进作用。魏亚平等（2013）则分析了企业社会资本、知识管理以及企业技术创新能力的内涵与过程，揭示了社会资本与知识管理之间存在耦合关系，最终构建了企业技术创新能力提升的集成框架模型。

第4章 四川省农民专业合作社发展现状

4.1 四川省农民专业合作社发展概况

2007 年《农民专业合作社法》正式颁布。在实施以前，四川省农民专业合作组织的组建十分缓慢，累计总数量也非常少。在政策宣传力度的不断加大和政府相关职能部门的积极引导下，广大农户对农民专业合作社这个新生事物的态度发生了极大变化，从最开始的完全陌生转变到逐渐接受和认可，并最终积极踊跃地加入到组建农民专业合作社的队伍中去。在此背景下，四川省农民专业合作社如雨后春笋般迅速发展壮大起来，无论是在发展数量、发展规模、产业布局还是区域分布等方面都得到了极大地提升，对于促进当地经济发展发挥了重要的作用。2018 年新修订的《农民专业合作社法》正式实施后，四川省更是探索出了一条多主体参与、多元化投入、多层次合作的发展路子，推动了合作社由数量扩张向数量增长与质量提升并重的方向转变，由注重生产联合向产加销一体化方向转变，由单一要素合作向劳动、技术、资金、土地等多要素合作方向转变。

4.1.1 发展数量

四川省以农村产权制度改革为基础，大力培育以家庭农场、专业合作社为主体的本土化新型经营主体。四川省第一个具备经营实体所有功能的农民专业合作社是成立于 2007 年 5 月 31 日的资阳市安岳县龙台镇新世纪柠檬合作社。该合作社成立时拥有会员 50 户，启动资金 205 万元，并按《农民专业合作社法》建立了理事会、监事会等管理部门，还制定了会章。2008～2010 年，四川省农民专业合作社的数量在总体上缓慢增长，截至 2010 年底，共发展农民专业合作社14117 家。2011～2016 年，四川省农民专业合作社的发展速度得到了快速的提高，除 2015 年略微下降外，其增长速率呈逐年上升趋势。2017 年后，合作社规章制度越来越完善，越来越多的农民专业合作社由种养大户、村社干部、农产品经纪人、致富能人、农产品加工销售企业等领办，质量不断提高，增长速率减缓。截至 2019 年底，全省经工商登记的农民专业合作社 103605 家，共有专（兼）职辅导员 4263 名，章程制度完善、组织机构健全的合作社达 2/3 以上，累计培育农民专业合作社示范社 9713 家，其中国家级示范社 502 家，省级示范社2100 家，市级示范社 3246 家，县级示范社 3865 家，有 3 位农民专业合作社理事长当选为第十三届全国人大代表，如图 4－1 和图 4－2 所示。

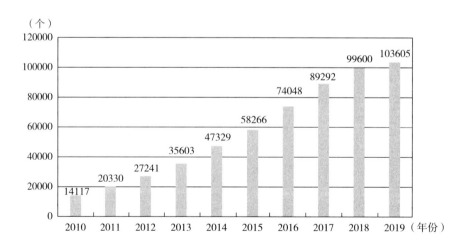

图 4－1　2010～2019 年四川省农民专业合作社数量变化

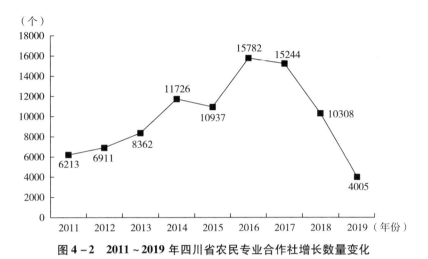

图4-2 2011~2019年四川省农民专业合作社增长数量变化

4.1.2 产业布局

自2007年以来，四川省农民专业合作社不仅在发展数量上有所增加和提升，在业务范围方面也得到了进一步地延伸和拓展。从目前四川省农民专业合作社发展的实际情况来看，其业务范围已经覆盖了农业生产活动的各个领域。通过对四川省农民专业合作社的业务发展情况具体分析，根据经济性质的不同，可将四川省农民专业合作社的业务类别大致划分为种植业、养殖业、服务业和其他相关行业四种，种植业和养殖业覆盖了川粮（油）、川猪、川茶、川薯、川药、川桑、川菜、川果、川鱼、川竹十大"川字号"优势特色产业。同时，发展形式日趋多元多样，部分农民专业合作社进入了农产品烘干冷藏、流通加工、集散批发等行业领域，一大批民间工艺、休闲农业、乡村旅游、电子商务、土地股份、集体经济合作社不断涌现。其中种植业占比47%，畜牧业占比30.2%，生猪产业达39%。中端、后端服务类合作社中，开展农产品直供直销及电商的合作社12853家，销售收入75.26亿元；开展农产品加工的合作社3389家，销售收入58.76亿元。

4.1.3 区域分布

随着四川省农民专业合作社的快速发展，其分布范围也在不断扩大。以五大经济区为划分标准，全省农民专业合作社分布较集中，大部分分布在成都平原经济区和川东北经济区，共占四川省总数的75.07%。其中，成都平原经济区占比49.78%，川东北经济区占比25.28%，成都平原经济区农民专业合作社数量以成都市为首，占该区域的29.11%，川东北经济区农民专业合作社数量以南充市为首，占该区域的28.66%。其他区域的农民专业合作社数量则相对较少，其中最少的是川西北生态经济区，数量仅占全省农民专业合作社的3.16%，攀西经济区占比5.03%，川南经济区则占比16.75%，如图4-3所示。

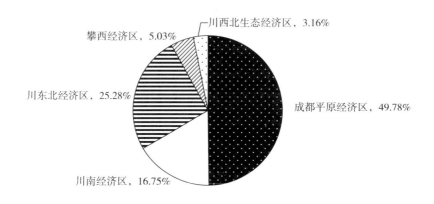

图4-3 四川省农民专业合作社区域分布情况

4.2 四川省农民专业合作社发展特征

伴随着时间不断向前推移，四川省的农民专业合作社在发展数量上越来越多，发展规模上越来越大，发展能力上也越来越强，在目前农业高质量发展的阶段，四川省农民专业合作社体现出自己独有的特色，具体表现在以下三个方面：

4.2.1 服务能力明显提升

2019年，四川省农民专业合作社中，统一组织销售农产品产值超过成员当年销售产品总值 80% 以上的合作社达 43954 个，同比增长 11.2%；统一组织购买农业生产投入品占成员当年农业生产投入品购买总额 80% 以上的合作社 17541 个，同比增长 12.1%，农民专业合作社服务能力明显提升。同时，货币出资成员 1457511 个、土地经营权作价出资成员 885435 个，分别比上年增长 19.6%、21.8%，这两组数据也从侧面反映了成员对农民专业合作社服务能力的满意、对农民专业合作社未来发展的信心。在此基础上，农民专业合作社还在积极探索新模式，不断丰富为成员服务的种类、提升为成员服务的能力。随着农村交通条件的改善，城乡联系更加频繁、快递物流网络得以延伸、电子商务逐渐便捷、乡村旅游蓬勃生长，农民专业合作社顺应时代潮流，积极发展电子商务、休闲农业和乡村旅游。2019 年底，全省创办实体的农民专业合作社 2542 个、开展农村电子商务的农民专业合作社 2552 个、开展休闲农业和乡村旅游的农民专业合作社 989 个，分别比上年增长 189.5%、156.5%、85.9%。

4.2.2　高质量发展稳步推进

2019 年是四川省持续推进全省农民专业合作社高质量发展的一年，引领发展主导产业 3736.2 万亩、优势特色产业 1432.5 万亩、现代种养业 654.3 万亩，分别占耕地总面积 64.2%、24.6%、11.2%；有 3666 家合作社通过了"三品一标"认证，拥有注册商标的农民专业合作社 5160 个，同比增长 14.6%，联合社 414 个，比上年增长 4%。通过大力发展专业合作社，按照现代农业产业化的要求，合作社发展模式已将农资供应、加工、储运、销售、服务等各环节有机连接在一起，形成产加销一体化。全省农民专业合作社围绕农业产业链延伸，已由原来单一的农业种植养殖领域拓展到农业加工和流通领域。同时政府也大力支持农民专业合作社通过承担园区基础设施建设，发展冷链物流和农资供销、农产品营销、品牌打造等项目，建立和完善智能仓储物流系统，降低农产品运销成本，促进农村一二三产业融合，提高农业附加值，为农民增加收入。另外，积极推动"龙头企业 + 合作社 + 农户"和"五统一"等产业经营模式，实现"小生产"与"大市场"、"小农户"与"大企业"、传统农业与现代工业的有效联结，形成农业现代化大生产格局。

4.2.3 助农增收效果显著

农民专业合作社是小农户对接市场主体的桥梁和纽带，由于单个农户生产经营分散、不能完全准确掌握市场信息、谈判不具优势等原因，经常出现贱卖农产品的情况。而合作社能够按保护价收购农产品，对于保障农户收入的稳定性、提高农户抵御市场风险的能力起着至关重要的作用。经过多年发展，四川省农民专业合作社通过不断创新利益联接机制，完善盈余分配制度，带动农民持续稳定增收，已成为小农户和现代农业有机衔接的中坚力量。2019 年底，全省农民专业合作社经营收入 424.8 亿元，各社平均收入 41 万元；实现可分配盈余 72.6 亿元，入社成员户均分得盈余 1795.8 元。同时，四川省可分配盈余按交易量返还成员的合作社 26677 个，同比增长 27.6%；可分配盈余按交易量返还成员占可分配盈余 60% 以上的合作社 24484 个，同比增长 51.9%；提留公积金、公益金及风险金的合作社 15137 个，同比增长 38.5%。四川省农民专业合作社在帮助贫困户脱贫增收上效果显著，2019 年底，全省农民专业合作社吸纳 317498 户建档立卡贫困户，同比增长 22.4%。

第5章　样本的描述性统计

本书的数据全部来源于 2015～2019 年的实地调研数据，在样本的选择上，考虑到合作社发展的规范程度和示范作用，对国家级、省级、市级、县级以及发展良好的正在申请等级的合作社 5 种不同层级的农民专业合作社进行随机抽样，调研地点主要在四川省，涵盖了绵阳市、广元市、宜宾市、成都市、雅安市、眉山市等地。调查对象为合作社社长、合作社内部社员以及合作社利益相关者（合作型利益相关者、指导型利益相关者和联合型利益相关者），分层次对不同对象进行调查，有利于全方位获取评价数据，保证数据的真实性和可靠性。

5.1　样本合作社的基本特征

自 2007 年 1 月《中华人民共和国农民专业合作社法》（以下简称《农民专业合作社法》）正式实施以来，农民专业合作社犹如雨后春笋般增速迅猛。在本书调研的农民专业合作社中，2007 年之前成立的农民专业合作社仅占样本总量的 4%，而 2007 年后成立的农民专业合作社达到 250 家，如表 5 - 1 所示。这可能是由于《农民专业合作社法》颁布后，农民专业合作社被赋予了合法地位，其运营拥有了法律保障。农民专业合作社这一新兴事物被更多的人所知晓，并成了农业经营者创业所能够选择的一种组织形式。

表5-1 样本合作社成立时间一览

时间	占比（%）
2007 年前	4
2007 年后（含 2007 年）	96

调研数据显示，不同合作社的注册资本之间存在较大的差异。整体来讲，合作社的注册资金均不高。具体来讲，注册资本金110万元以上的合作社最多，占57.25%；注册资金90万~110万元的合作社占比14.51%；注册资金30万元及以下的合作社占10.98%；注册资本金为70万~90万元的合作社最少，占3.92%，如表5-2所示。

表5-2 样本合作社注册资本金额一览

注册资本金额	占比（%）
30 万元及以下	10.98
30 万~50 万元	7.45
50 万~70 万元	5.88
70 万~90 万元	3.92
90 万~110 万元	14.51
110 万元以上	57.25

样本合作社的主要产品类型丰富多样，其中，蔬菜种植合作社占38%，主营业务为水果种植的合作社占20%，花卉苗木合作社占15%，仅有3%的样本合作社主要从事菌类生产，其他类型合作社占24%，如图5-1所示。

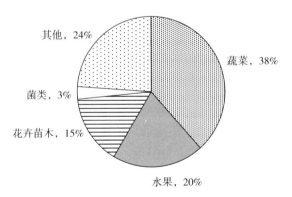

图5-1 不同类型的合作社占比

由于各级示范社的评选标准将合作社在工商部门登记注册的社员数量纳入其中，合作社出于规避未来申请示范社遇到注册社员人数不达标的风险，在工商部门登记注册时，倾向于尽可能多的注册社员。因此，合作社实际拥有的社员数量远小于注册社员数量的现实普遍存在。本书在调研过程中重点关注合作社实际拥有的社员数量，统计发现样本合作社实际拥有的社员数量差异较大，绝大部分样本合作社的实际社员数量在 90 人以上，这类合作社占样本总数的 44%，其次就是 10 人及以下规模的合作社。值得注意的是，实际拥有的社员数量在 50~90 人的合作社数量较少，合计占样本合作社数量整体的 8%，如图 5-2 所示。

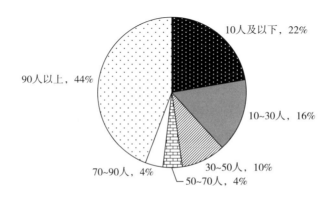

图 5-2   合作社实际社员数量

样本合作社中绝大部分合作社未被评定为市级及以上示范合作社。国家级示范社仅有 15 家，省级和市级示范社数量相当，分别为 40 家和 45 家。从图 5-3 中看出，随着示范社级别的提高，样本合作社的数量呈现明显下降趋势。

从合作社注册商标和获得产品质量认证来看，大部分样本合作社缺乏自有商标和质量认证资格。已注册和已认证的合作社占比分别为 38.85% 和 40%，均未达到样本合作社的半数（见表 5-3），合作社的商标注册、质量认证工作开展的还不够全面。可能的原因，一方面在于申请商标和产品质量认证需要一定的资金，在合作社经营规模较小的情况下，这样的成本会对合作社产生较大负担；另一方面样本合作社理事长受教育程度较低，年龄普遍偏大，申请商标和产品质量认证的意识较弱。

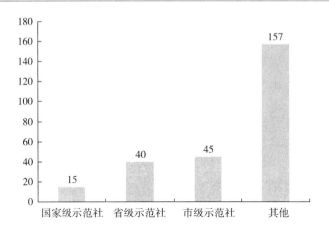

图 5 - 3　样本合作社级别分布

表 5 - 3　合作社商标注册及质量认证状况

商标注册	占比（%）	质量认证	占比（%）
已注册	38. 85	已认证	40
未注册	61. 15	未认证	60

在拥有产品质量认证的 150 家样本合作社中，36% 的合作社认证了无公害农产品，34% 的合作社拥有绿色农产品认证，16% 的合作社拥有有机农产品认证。这可能是由于有机农产品认证要求较高，且认证成本较高。相较而言，无公害农产品和绿色农产品认证条件较为宽松。值得注意的是，仅有 7% 的合作社拥有地理标志产品认证。这可能是由于地理标志产品认证的申请高度依赖于产地的自然因素和人文因素，较少程度上会以合作社经营者的努力为转移，如图 5 - 4 所示。

在研究中，33. 85% 的合作社聘请了职业经理人，72. 31% 的合作社聘请了技术人员，聘请了技术人员的合作社数量比聘请职业经理人的合作社数量的两倍还多（见表 5 - 4）。从聘请情况来看，合作社在发展过程中，首先是对农业生产技术的需求达到一定规模后，对拥有管理技能、销售技能的人力资本的需求才会逐渐增加。这可能是因为农业产业组织的核心竞争力在于生产技术，农产品质量好、产量高需要技术作为支撑，这也是农业产业组织进一步发展壮大的基础。随着规模的扩大，运营的正规化，合作社现有的经营管理者多为合作社理事长，通常缺乏管理技能和经济知识，这时便出现对职业经理人的需求。

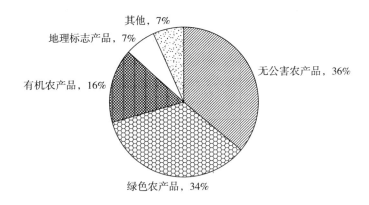

图 5-4 样本合作社"三品一标"农产品认证状况

表 5-4 样本合作社专业人员聘请状况

职业经理人	占比（%）	技术人员	占比（%）
聘请	33.85	聘请	72.31
未聘请	66.15	未聘请	27.69

合作社技术人员每年培训次数在 20 次及以下的超过一半。超过 100 次的只有 3 家合作社，如图 5-5 所示。技术人员的培训次数与社员技术需求有关，对于从事新品种生产的合作社，例如菌类合作社和花卉合作社，其技术需求较高；果蔬类种植合作社的技术需求相对较低。由于 58% 的样本合作社为果蔬种植合作社，不难理解大部分样本合作社的技术人员培训次数在 20 次以下。

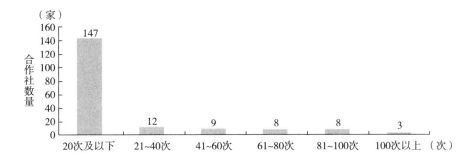

图 5-5 技术人员每年培训次数

在本书的调查样本中，合作社农产品的销售渠道主要包括自产自销、实体店面、超市销售、网络销售和经纪人等。其中，自产自销是样本合作社的主要销售方式，自产自销的合作社比例高于50%。此外，85%以上的合作社通过实体店销售的农产品份额不到该合作社总销售量的20%。仅有不到5%的合作社通过超市销售的份额超过了合作社总销售量的20%。值得关注的是，随着互联网的发展，网络销售在农村社会开始普及，伴随着物流产业的快速发展，样本合作社中有接近20%的合作社通过网络销售的农产品比例超过总销售量的20%，如图5-6所示。

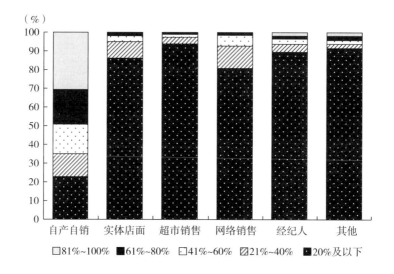

图 5-6 样本合作社产品销售渠道

图5-7呈现的是本书样本合作社的平均总产值和平均每亩利润，总体看来，2015~2017年，样本合作社的平均总产值和平均每亩利润均呈上升趋势。合作社平均总产值从2015年的333.06万元上升到2017年的581.75万元，合作社平均每亩利润从2015年的2111.85元上升到2017年的3099.43元。这表明样本合作社的发展势头普遍较好，具有较强的生产能力。

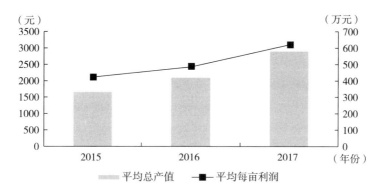

图 5 – 7 样本合作社平均总产值与平均每亩利润

5.2 被调查者基本情况

第 5 章在本书中主要研究目的是研究从信任建立到信任深化的过程，分析农民专业合作社社长声誉与社员信任之间的关系。因此，本书的主要调查对象有农民专业合作社的社长及其社员。在系统分析社长声誉对社员信任的影响之前，需要对社长的基本情况和社员的基本情况进行描述性说明。

5.2.1 社长个体特征调查

从样本合作社社长的个体特征来看，92.5% 的社长为男性，女性担任社长的人寥寥无几。社长年龄层次呈现两头小中间大的态势，主要集中在 41～50 岁，以中年人士为主。具体来讲，超过 70% 的社长年龄高于 40 岁，其中还有 5% 的社长年龄在 60 岁以上，呈现出显著的从业年龄偏大的特征。只有不到 30% 社长低于 40 岁，只有 1 位社长的年龄低于 30 岁。从政治面貌来看，65% 的社长是党员，这样的党员比例说明社长属于农村社员党员比例较高的群体，或是党员同志更具有奉献精神，更倾向于创建合作社。整体来讲，社长的受教育程度不高，55% 的样本社长处于高中及以下学历，本科及以上学历的人数仅有 3 人。这可能与社长的成长环境有关，根据社长的平均年龄可以判断社长所处的年代，社会普遍受教育程度偏低。横向比较可知，社长的受教育水平并没有那么低，如表 5 - 5 所示。

表 5 - 5　社长基本情况汇总　　　　　　单位：人，%

项目	选项	合计	占比
性别	男	37	92.50
	女	3	7.50
年龄	20 ~ 30 岁	1	2.50
	31 ~ 40 岁	9	22.50
	41 ~ 50 岁	20	50.00
	51 ~ 60 岁	8	20.00
	61 ~ 70 岁	2	5.00
政治面貌	党员	26	65.00
	群众	14	35.00
	民主党派	0	0.00
文化水平	小学及以下	2	5.00
	初中	10	25.00
	高中	10	25.00
	中专或技校	8	20.00
	大专	7	17.50
	本科	3	7.50
	硕士及以上	0	0.00

从样本统计结果可知，样本社长主要由村干部担任，占样本总量的 32.5%。其次是农村经营能人，即拥有农产品销售渠道、农资购买渠道、农业产业生产经营管理能力的人，占样本总量的 30%。最后是农村专业大户，即拥有一定经营规模和生产技能的种养大户，占 22.5%。还有 12.5% 的社长是企业管理者，这可能是由于企业在向产业端前段发展的过程中，为了更加紧密地与农户合作，在尽可能降低交易成本动机驱使下，企业管理者通常倾向于成立农民专业合作社，如图 5 - 8 所示。调查发现社长兼业的情况依然是普遍存在的，超 50% 的社长除了担任合作社社长一职外还在企事业单位上班，或自己运营个体事业等。从时间先后来看，这种兼业可以理解为社长一职是兼职，具体来看，通常是企事业单位

的工作人员或私营业主运用自己积累的人力资本和社会资本判断得出从事农业生产经营的商机，通过对政策的了解，最终决定创建合作社。

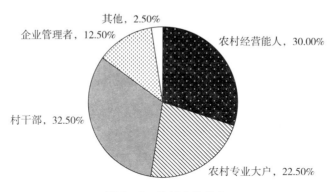

图 5－8　社长身份分布

5.2.2　社长内外部社会网络调查

围绕着合作社社长声誉，对合作社社长的合作型利益相关者（包括合作社管理者、种植大户、大股东、技术指导人员、供应商、客户等）、指导型利益相关者（包括与合作社发展相关的政府涉农人员、被带动的农户）和联合型利益相关者（包括村长、村支书等）共 324 位人员进行了调查。这些利益相关者中最多的是与社长保持一般关系的朋友，其次是社长的邻居，最后是仅认识的人。无论是直系亲属还是其他亲属，能够被发展为利益相关者的较少，甚至比不上陌生人，如图 5－9 所示。亲密的朋友也较难被发展为社长在经营合作社过程中的利益相关者。这可能是因为亲属和亲密的朋友与社长的社会资本类似，从事的工作具有较高的同质性，能够成为利益相关者的概率原本就很低。

针对社长认识的人数（除内部社员外），调查数据显示，社长认识的人在151 人及以上的社员数量最多，占样本的 73%，如图 5－10 所示。原因可能在于社长的社会交际活动比较频繁，人脉资源相对更丰富。同时，在社长认识的人中，职业分布最多的仍然是农民，其次为个体户、技术专家、公务员，如图 5－11所示。从职业分布来看，社长认识的人均与社长的日常工作密切相关，说明这些是社长作为合作社经营管理者有效的社会网络。

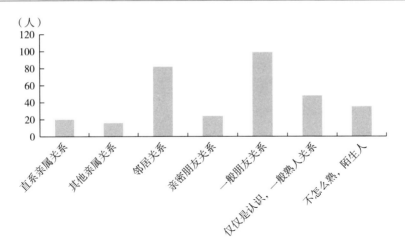

图 5 - 9　利益相关者与社长之间的关系汇总

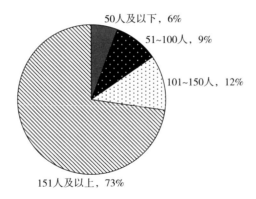

图 5 - 10　社长认识的人数

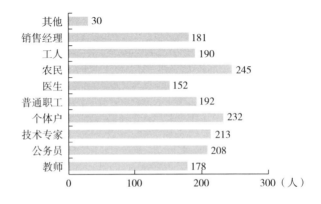

图 5 - 11　社长认识的人职业分布

在社长认识的人中，实际存在合作关系的比例在 25% 及以下的最多，拥有实际合作关系人数占所有认识的人数比例在 76% ~100% 的仅占 7%，如图 5 - 12 所示。合作关系集中分布于农产品营销、提供技术指导和劳动力、农业生产资料采购关系、同类合作社学习关系等方面，均与合作社的日常生产经营活动密切相关，是对于合作社经营管理有用的社会网络，如图 5 - 13 所示。

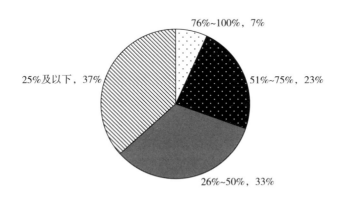

图 5 - 12　合作人数占认识人数比例

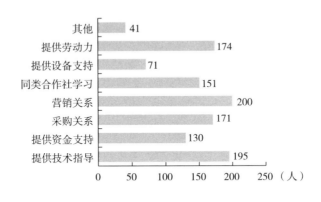

图 5 - 13　合作关系类别

从社长的内部信息网络调查情况看，近半数的社长认为自己直接或间接接触的社员数量多、在社员中的影响力大、在社员中的权威性较高、与社员互动频繁且联系紧密；约 80% 的社长认为自己与社员之间有畅通的沟通平台、与社员有着友好的合作关系。18.85% 的社长非常坚定地认为自己认识的社员的专业种类多,有39.23%的社长持有同样的态度,但态度没有那么坚决,还有33.08%不确定自己认识的社员的专业是否种类较多。值得强调的是,超过90%的社长认为他们与社员之间能够相互信任,如表5-6所示。

表5-6 社长内部信息网络 单位:%

	非常不同意	比较不同意	一般	比较同意	非常同意
直接联系或接触的社员数量多	0.00	1.92	16.92	47.31	33.85
认识的社员的专业种类多	2.31	6.54	33.08	39.23	18.85
加入合作社前从事的工作种类多	3.08	10.77	38.46	33.46	14.23
在社员中的影响力大	0.00	1.15	15.00	51.54	32.31
在社员中的权威性高	0.00	0.38	14.62	47.69	37.31
与社员之间互动频繁	0.38	1.15	21.15	45.00	32.31
与社员之间联系紧密	0.00	1.15	19.23	47.69	31.92
与社员之间有畅通的沟通平台	0.00	0.77	20.38	48.08	30.77
与社员的合作关系友好	0.38	0.00	11.15	51.15	37.31
与社员的合作时间长	0.38	2.69	23.08	46.15	27.69
与社员之间相互信任	0.00	0.38	8.08	51.54	40.00

根据表5-7数据可知,53.08%的社长认同自己认识的亲戚数量多;近50%的社长认为自己认识的朋友、客户数量多,但分别有13.85%和26.15%的社长认为自己认识的朋友和客户数量一般。关于自己认识的政府工作人员、行业协会、同行数量来讲,样本合作社社长态度较为接近,认为自己认识的政府工作人员、行业协会、同行数量较多的社长占样本总量的50%以上,其余35%左右的社长认识的这些人数一般多,并没有显著优势。就认识的人的职业种类、专业种类和区域分布而言,样本社长对前两者的态度较为一致,比较同意和一般同意分别占32%左右。就认识的人员区域分布而言,超过64%的社长认为自己认识的人在区域分布上非常广泛。仅有18.46%的社长认为自己在外部社会关系网络中的影响力大,还有1.54%的社长并不认为自己在外部社会关系网络中具有影响力,但是同意自己具有影响力的社长数量还是占据绝大部分。

表 5 – 7　社长外部关系网络数量　　　　　单位:%

	非常不同意	比较不同意	一般	比较同意	非常同意
认识的亲戚多	0.00	0.77	17.31	53.08	28.85
认识的朋友多	0.00	0.77	13.85	49.23	36.15
认识的客户数量多	0.77	1.15	26.15	44.62	27.31
认识的供应商数量多	0.77	2.31	33.85	40.00	23.08
认识的政府工作人员数量多	0.38	5.77	40.38	33.85	19.62
认识的行业协会数量多	1.15	5.77	41.15	31.92	20.00
认识的同行数量多	0.77	3.85	33.08	35.77	26.54
认识的人的职业种类多	1.54	5.00	30.77	37.69	25.00
认识的人的专业种类多	2.31	10.00	39.23	31.54	16.92
认识的人的区域分布广	0.00	4.62	31.54	40.38	23.46
在外部社会关系网络的影响力大	1.54	5.38	36.15	38.46	18.46

总体来看,大部分社长的外部关系网络数量具有一定优势,能够帮助其更好地进行外部交流、学习经验。表 5 – 8 数据显示,社长在进行外部联系时,通常会跟朋友、亲属、客户、供应商、同行进行频繁的联络,样本社长中非常同意和比较同意其与这些人有联系的比例分别是 86.54%、82.69%、79.61%、72.31%、63.84%。其中,与亲属的联系最多,其次是朋友,再次是客户、供应商和同行等商业伙伴。较为频繁的交流对象,同意人数占比均在 40% 以上。相较而言,样本社长中与政府部门工作人员和行业协会人员联系的紧密程度较前几种低。这表明样本社长的社会网络大多是血缘、地缘和商业往来。

表 5 – 8　社长外部关系网络联系频率　　　　　单位:%

	非常不同意	比较不同意	一般	比较同意	非常同意
经常与亲属联系	0.38	1.25	16.15	50.38	32.31
经常与朋友联系	0.38	0.00	13.08	51.92	34.62
经常与客户联系	0.38	2.50	18.46	46.15	33.46
经常与供应商联系	0.77	3.13	25.00	45.00	27.31
经常与政府部门联系	0.38	8.13	33.08	36.92	24.62
经常与行业协会联系	0.77	8.13	40.38	32.31	21.54
经常与同行联系	0.77	6.25	31.54	40.38	23.46

通过表5-9和表5-10的统计情况可知，40%以上的社长比较同意其与朋友、亲戚、客户、供应商等外部关系网络主体能够维持良好的信任和相互尊重的关系；特别地，认为与朋友、亲戚的信任水平在一般以上的社长占比超过99%。这与中国乡村实际情况相符。此外，社长与外部关系网络之间的合作和相互扶持是必不可少的，20%以上的社长非常同意应当与认识的朋友、亲戚、客户、供应商、同行之间相互扶持，12.69%的社长非常同意应该与认识的政府人员相互扶持。这一方面可能是因为原本样本社长与政府工作人员的联系就较弱，在此基础上，很难实现相互之间的互相扶持。

表5-9　社员与外部关系网络信任尊重状况　　　　　　单位:%

	非常不同意	比较不同意	一般	比较同意	非常同意
与认识的朋友彼此信任	0.00	0.77	15.77	54.23	29.23
与认识的亲戚彼此信任	0.00	0.00	12.31	53.08	34.62
与认识的客户彼此信任	0.38	0.00	21.92	47.69	30.00
与认识的供应商彼此信任	0.38	0.38	24.23	47.69	27.31
与认识的政府人员彼此信任	0.77	0.77	26.15	45.00	27.31
与认识的行业协会彼此信任	0.77	1.54	31.15	41.92	24.62
与认识的同行彼此信任	0.77	1.92	30.00	42.31	25.00
与认识的朋友相互尊重	0.00	0.00	9.62	49.23	41.15
与认识的亲戚相互尊重	0.00	0.00	10.38	47.69	41.92
与认识的客户相互尊重	0.38	0.00	9.62	48.46	41.54
与认识的供应商相互尊重	0.38	0.38	14.23	45.77	39.23
与认识的政府人员相互尊重	0.38	0.38	14.62	42.31	42.31
与认识的行业协会相互尊重	0.77	0.77	16.92	47.69	33.85
与认识的同行相互尊重	0.77	0.77	16.15	46.15	36.15

表5-10　社员与外部关系网络相互扶持状况　　　　　　单位:%

	非常不同意	比较不同意	一般	比较同意	非常同意
与认识的朋友相互扶持	0.00	2.31	27.69	43.08	26.92
与认识的亲戚相互扶持	0.38	1.15	24.23	40.38	33.85
与认识的客户相互扶持	0.38	1.15	31.92	41.15	25.38

续表

	非常不同意	比较不同意	一般	比较同意	非常同意
与认识的供应商相互扶持	0.38	2.31	33.08	41.15	23.08
与认识的政府人员相互扶持	1.15	3.08	36.92	38.46	12.69
与认识的行业协会相互扶持	0.77	4.62	37.69	37.31	19.62
与认识的同行相互扶持	0.77	5.00	33.08	40.00	21.15

总体来看，合作社社长对自己所拥有的外部社会网络资源较为满意，也认为其获取的外部社会网络资源一般能够满足内部需要的人数占比最多，社长中比较同意合作社成员能从自己的外部网络获取资源的人数占比最多；半数以上的社长认为其内外部社会资源能够有效、及时、准确、深度地进行匹配，如图 5 - 14 所示。综上所述，合作社社长对合作社所拥有的外部社会网络的匹配度与利用率具有较高评价，这表现出合作社社长具有较高的组织认同感和组织归属感，有利于社长长期服务于合作社，实现社长社会声誉的进一步积累。

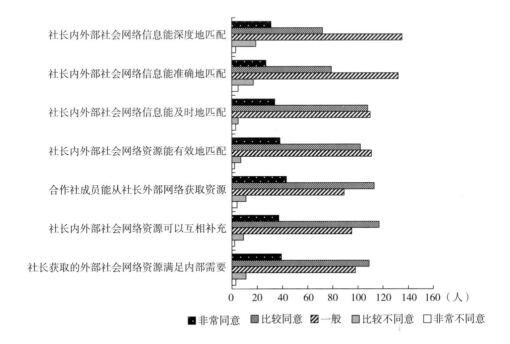

图 5 - 14 社长社会资源网络协同状况

5.2.3 社员忠诚调查

在对内部信任建立进行调查时，对合作社的内部成员包括管理者（理事会成员、监事会成员、经理人员、技术指导人员）、种植大户、大股东、普通社员共249名人员进行了调查，加入合作社的时间少的1年，多的在5年以上。社员忠诚度是内部信任的重要组成部分。作为理性经济人的社员，只有在加入合作社是有利可图的，即能够为自己带来更高收入或更高的社会地位的情况下，才会持续加入合作社。此处使用加入合作社对社员收入的影响作为社员忠诚度的测量题项，通过询问"您加入合作社后收入如何变化？1＝变得很差；2＝变得有点差；3＝基本一样；4＝变得好点；5＝变得非常好"来度量。从图5－15来看，绝大多数社员认为加入合作社，自家收入得到了显著提升。仅有不到5%的社员认为加入合作社将带来收入的显著降低。另外，超过55%的被调查者在当地收入水平一般，除了合作社的收入以外还有其他的收入来源，如外出打工、副业经营等。从加入合作社的方式来看，大多以合作社动员和自行要求加入合作社的方式参与到合作社中，并以土地和现金入股的方式加入的合作社。

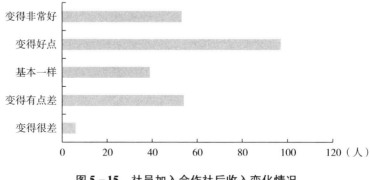

图5－15 社员加入合作社后收入变化情况

5.3 合作社学习创新及经营发展

从调研结果看出合作社的知识获取情况优良的社长占比较大，60%以上的社长认为合作社学习热情高，70%以上的社长认为合作社比较关注或十分关注外界信息，80%左右的社长认为合作社能够通过合法渠道获取新知识（见图5－16）。丰富科学的知识能够帮助合作社提升生产水平，提高产品质量，增强市场竞争力。从统计数据来看，样本合作社的学习创新能力较强，具有可持续的发展动力和较强的可持续发展能力。

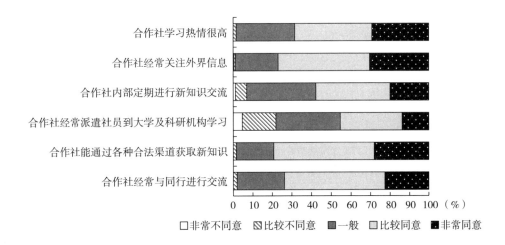

图5－16　合作社知识获取情况

关于合作社创新行为，主要从产品、技术、管理、营销四个方面进行调查。总体来看，样本合作社社长对合作社的产品创新满意度较高，有超过50%的社长认为合作社经常根据市场需求对产品进行改良，并且经常引进新的品种。样本合作社社长对技术创新的满意度不高，尤其是针对自主研发种植技术这一问题，有16.54%的社长比较不同意合作社日常进行了种植技术的自主研发工作。针对管理创新模块，认为所在合作社在管理方法、启动新过程、开发新目标的完成方式、工作方法改进方面表现一般的社长占比最大，分别为41.54%、45%、43.46%、43.85%。这说明样本合作社在技术创新、管理创新方面有待进一步提升，如表5－11所示。

表 5-11　合作社创新行为　　　　　　　　单位:%

	非常不同意	比较不同意	一般	比较同意	非常同意
产品创新					
经常根据市场需求对产品进行改良	0.77	3.08	27.69	44.23	24.23
经常引入新的品种	1.54	6.54	27.69	41.15	23.08
技术创新					
经常引进新的产品种植技术	1.54	4.62	26.54	42.31	25.00
经常引进新的产品储存技术	2.69	8.08	39.23	31.15	18.85
社员经常参加技术培训	1.15	7.31	23.46	44.23	23.85
经常自主研发新的种植技术	4.62	16.54	35.00	30.38	13.46
管理创新					
在决定用何种方法达到最终目的方面更具创新	0.38	3.85	41.54	41.15	13.08
比竞争对手在启动新系统/过程方面更具创新	0.38	5.38	45.00	35.77	13.46
在开发全新的目标完成方式方面更具创新	0.77	4.62	43.46	35.00	16.15
在改进工作方法方面更具创新	0.77	1.92	43.85	37.69	15.77
在提高员工工作满意度方面更具创新	1.15	2.69	35.38	39.62	21.15
营销创新					
积极寻求创新的营销理念	0.77	2.31	23.46	49.62	23.85
经常寻找方法来开发新的商业模式	0.77	3.08	28.08	45.38	22.69
经常寻找方法来提高促销方法和工具	1.54	2.31	28.46	43.46	24.23
试图找到新的方法来构建与客户的关系	0.77	2.31	22.69	51.15	23.08
经常引入新的产品促销方式	1.15	5.00	31.15	43.46	19.23

关于营销创新,60%以上的社长认为合作社在营销理念、商业模式、促销方法、客户关系构建等方面的表现比较令人满意或十分令人满意。

在接受调查的社长中,认为合作社一系列创新行为能够增加收益水平的社长数量最多,占比高达80%(见图5-17)。此外,除回答"其他"以外,认为合作社创新行为能够帮助降低成本、增加收益、促进社员内部关系融洽、提高社员能力和形成农产品品牌的社长均占到样本的45%以上,说明虽然合作社的技术创新、管理创新等不足,但合作社各项创新行为的效果为社长所关注和肯定。

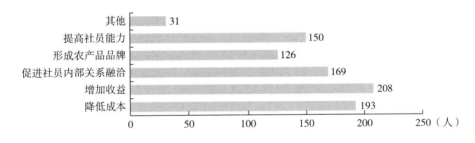

图 5 – 17 合作社创新行为的效果

调研合作社的平均研发投入资金和平均新产品年产量均呈现逐年上升的趋势，说明合作社对研发的投入力度逐年加大（见图 5 – 18），在技术支持和资金保障的基础上，农产品产出也较为可观。同时，从 2004 年起，调研合作社大部分开始陆续使用互联网技术，且随时间的推移，应用互联网的合作社数量也在不断增加（见图 5 – 19），其原因可能是互联网技术的普及、相关成本的降低和互联网技术人才的加入。

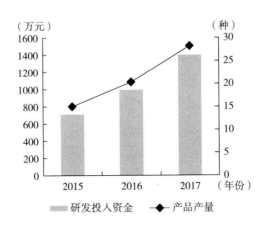

图 5 – 18 合作社研发投入及产品产量

针对互联网技术在合作社的应用，社长运用较多的方面是信息交流、销售以及知识学习（见图 5 – 20）；在作用效果方面，社长认为互联网技术的加入帮助合作社增加销售方式、学习先进技术、进行品牌宣传的占比较大（见图 5 – 21）。

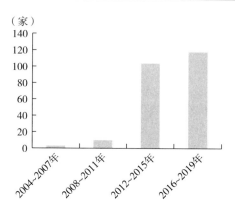

图 5 - 19   互联网应用于合作社的时间

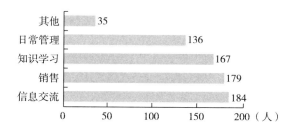

图 5 - 20   互联网在合作社的应用

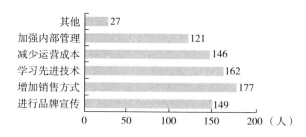

图 5 - 21   互联网的作用效果

第6章 社长声誉分析模型
构建与测度分析

6.1 社长声誉的理论模型构建

从农民专业合作社的本质来看，合作社作为一个合作经济组织，主要依靠各方利益相关者的参与和合作，共同推动合作社的发展。而各利益相关者与合作社联系的紧密程度，主要依靠的是社长对其利益诉求满足的程度，这就要求社长具备利益相关者要求的多方面能力和素质，也成为社长声誉形成、传播的核心因素。但社长声誉要被利益相关者感知，还需社长扮演的角色作为中介，通过社长与利益相关者在合作中所扮演的角色的塑造，被利益相关者感知、认可，最终形成社长声誉。因此，为更加科学、有效度量社长声誉，本书通过利益相关者理论明确社长声誉的现实维度，并通过每个维度下社长所扮演角色的梳理和分析，将抽象的声誉度量具体化。

（1）通过利益相关者理论明确社长声誉三大维度。

本书在借鉴李旭（2015）将利益相关者分为合作型利益相关者、指导型利益相关者和联合型利益相关者，仵希亮（2013）将其分为一级利益相关者和二级利益相关者观点的基础上，结合利益相关者基本概念以及合作社的基本认识，认为利益相关者可以分为合作型、指导型、关联型三大类。其中，合作型利益相关者是直接与合作社的经营活动有着直接关系的群体，与合作社的经营绩效息息相关。合作社管理者、大股东、技术人员作为合作社的核心社员，在合作社中直接参与经营活动并承担了较高的风险，他们在合作社中拥有较高的归属感和责任感，希望作为合作社领头人的社长能够具备较好的能力和素质，拥有一定的社会影响力，能够一起实现合作社的健康发展。除此之外，核心社员还希望在合作社发展的同时追求丰厚的投资回报；种植大户在合作社中的参与度相对较低，他们购买合作社提供的产品同时将自己的产品卖给合作社，他们更多地依靠合作社技术、销售渠道、产品等方面提供的帮助获取利润，更为关注社长是否能够帮助其销售更多的产品、提供技术指导、给自己带来更为丰厚的利润；客户和供应商是合作社外部资源的获取渠道，他们最大利益取决于与农民专业合作社之间交易额、交易范围和交易前景，更加注重社长个人能力、影响力。指导型利益相关者包括向上的政府涉农部门，向下为被带动的农户。政府在合作社的发展中扮演着特殊的角色，既要参与合作社的管理又要对合作社进行监督。政府部门由于其自身的特殊性对合作社有多方面的利益诉求，其更关注合作社的社会效益，希望合作社在提高自身经营效益的同时能够加速带动产业的发展、周边社区的发展甚至整个地区的发展，对于社长要求其具备发展合作社的基本能力，能够为合作社的发展做出突出的业绩，能够为地方事业的发展做出贡献；被带动的农户在生产经营活动中受到所在地区合作社的指导和影响，是合作社成员的潜在力量和后备军，他们希望跟随社长发展生产、增加收入。关联型利益相关者是合作社外部保障的其他群体，由于农村社区与农民专业合作社密切相关，农民专业合作社根植于农村社区中，它在这片土壤上建立、成长，合作社的发展与农村社区的建设是息息相关的，能够繁荣社区经济和文化，因此，从农村社区的角度来看，他们希望社长能够带动社区农民增收，提供就业机会，改善社区经济状况，繁荣社区文化，保护社区的环境，出于这样的考虑，他们也对社长个人能力和业绩有所要求，具有更高的可靠性。

通过对社长声誉的利益相关者不同诉求的整理，得到社长声誉构成的三大维度：社长能力、管理业绩和社会影响，社长能力是指从事社长工作所具备的专业技能以及处于管理者角度所具备的综合能力；管理业绩是说明社长作为一个管理者在合作社中产生的影响，他的声誉就会因其个人在合作社中的表现或总体业绩情况被认知；社会影响是社长声誉延伸到普遍公众中的一种直观表现。具体如图 6-1 所示。

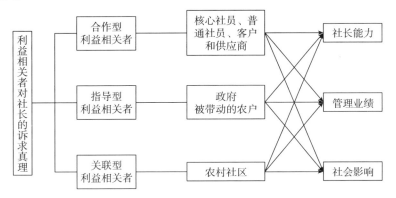

图 6-1　基于利益相关者理论的社长声誉结构

（2）通过角色理论明确社长声誉三大维度具体量化指标。

社长在合作社中所扮演的角色通过被利益相关者感知、认可，是量化其声誉的重要手段。因此，将"工作角色"引入社长声誉的研究中，可以将抽象的声誉测量具体化，实现对声誉的科学、有效测量。当前，关于角色的划分，王瑞永（2003）在民营企业创业初期和成长阶段将企业家的管理角色归纳为：①大业务角色。②对外联络者角色。③技术把关者角色。④自我决策者角色。⑤全面手角色。在民营企业发展及成熟阶段，将管理者角色归纳为：①战略管理者角色。②文化塑造角色。③游戏规则制定者角色。④创新经营者角色。⑤企业家角色。李红川（2004）指出在信息化、全球化的新背景下对管理者角色提出了四方面的新要求：一是信息时代需要强化管理者角色的沟通能力；二是动态多变的环境需要强化管理者角色的预测能力；三是需要强化管理者的个人影响力；四是需要管理者增强适应迅速发展的科技手段的资源配置能力。万希（2009）将中层管理的角色划分为团队执行者、承担决策应变的建设者、沟通协调者。樊耘等（2012）将中层管理者的角色划分为企业家、执行者、辅导者与协调者四个角色。

本书在明茨伯格建立的管理角色理论基础上，参考国内部分学者对管理者角色的研究成果以及合作社社长自身的功能和特点，将社长的角色归纳为以下八种：

领袖：具备良好的领导能力，在合作社的发展中起着支撑作用，能够为合作社的发展作出正确的决定，带领成员不断进步。

关系协调者：作为农民专业合作社的核心人物，社长需要处理的与合作社生存发展相关联的关系网络比较广泛。能否协调好与各利益相关者之间的关系，平衡内外矛盾，决定了合作社能否从内部和外部获取更多有益的信息与机会，从而健康、快速发展。

革新者：基于不断发展变化的外部环境，及时跟上时代前进的步伐，接受新事物、新人物、新观点，是合作社新发现、新思路的提出者、倡导者。

动员激励者：用自己的激情和魅力感染组织成员，适时地鼓励，给予必要的支持和帮助，注重营造组织积极向上的氛围。

利益代言人：合作社依靠利益的连接保持了各个利益相关者的联合，社长能够通过自身的努力提高成员的收益，促进合作社效益的提升，保证合作社的持久生命力。

团队凝聚者：做好内部环境的营造，达到工作环境的和谐团结，并保证工作的顺利开展实施。

伦理道德楷模：将自己视为合作社道德规范的最终责任人，以身作则，不做违反合作社规章制度的事情，树立说话算数的品质，制定并遵守较高的道德准则，不搞差异化、特殊化。

社会贡献者：积极投身于公益事业，热衷于服务社区、环境保护、帮助当地人民等工作。

综合上述分析，为了更好地对社长声誉进行准确、科学的测量，本书采用角色理论和利益相关者理论对社长声誉进行研究，分别从社长自身和与社长有关的利益相关者角度来研究社长声誉，并对社长所扮演的角色和角色行为进行直接感知和评价，实现对声誉的直观具体化测量。本书以利益相关者理论和角色理论为基础，以社长在合作社中扮演的不同角色为中间变量，显化社长声誉，便于被利益相关者感受、评价，以获取社长声誉评价的一手数据。结合社长所扮演的角色以及合作社的特点，将社长声誉的维度划分为社长能力、管理业绩、社会影响三大维度，并融合社长作为领袖角色、关系协调者角色、革新者角色、动员激励角色、利益代言人角色、团队凝聚者角色、伦理道德楷模角色、社会贡献者角色于三大维度下，如表6-1所示。

表 6-1　社长声誉测量

结构变量	维度	角色扮演	观测变量
社长声誉	社长能力	领袖角色	前瞻能力 决策能力 控制能力 用人能力 执行力
		关系协调者角色	人脉构建能力 民意接受能力 纠纷处理能力
		革新者角色	创新意识 创新行为 创新结果
		动员激励者角色	物质激励 精神激励
	管理业绩	利益代言人角色	合作效益 利益维护
		团队凝聚者角色	任务凝聚力 人际关系凝聚
	社会影响	伦理道德楷模角色	商业伦理 职业道德
		社会贡献者角色	就业 公益事业 社会认可

6.2　信度分析与效度分析

6.2.1　社长声誉信度分析

为反映被测特征的真实程度，对测量题项进行信度分析，确保测量的可信性。本书采用 Cronbach's α 一致性系数 α 来分析信度，以检验每一个因素中各个测量项目是否检测相同的或者相似的特性。Cronbach（1951）认为当 CITC 的值小于 0.5 时，通常就删除该测量项目，然而也有学者认为 0.3 也符合研究的要求，本书选择 0.5 作为净化测量项目的依据，如表 6－2 所示。

表 6－2　Cronbach's α 判断矩阵

Cronbach's α	>0.9	0.7~0.9	0.35~0.7	0.35 以下
可信程度	信度非常好	高信度	中等信度	低信度

本书根据 CITC≥0.5 为标准，社长声誉量表删除了 1 个题项，即 Q13；信任建立表删除了 6 个题项，分别为 Q23、Q26、Q28、Q31、Q33、Q36。在删除这些题项后，本书进行了各个量表与分因子量表的信度分析。社长声誉量表信度分析结果表明 Cronbach's α 信度系数为 0.949，社长能力、管理业绩、社会影响分别为 0.904、0.874、0.836，如表 6－3 所示。由此可见各因素及各变量的 Cronbach's α 值都在可接受的范围而且全部处于高信度范围之内，表明删除垃圾题项后的各个量表都具有很好的信度。

表 6－3　社长声誉量表的信度分析

测量项目	CITC	项目删除后的 Cronbach's α 系数	Cronbach's α 系数
社长能力（共 12 个问题）			0.904
前瞻能力（Q1）	0.666	0.896	
决策能力（Q2）	0.583	0.898	
控制能力（Q3）	0.693	0.894	
用人能力（Q4）	0.680	0.894	
执行能力（Q5）	0.700	0.894	
人脉构建能力（Q6）	0.620	0.897	
民意接收能力（Q7）	0.547	0.900	
纠纷处理能力（Q8）	0.648	0.896	
创新意识（Q9）	0.771	0.890	
创新行为（Q10）	0.629	0.897	
创新成果（Q11）	0.658	0.895	

测量项目	CITC	项目删除后的 Cronbach's α 系数	Cronbach's α 系数
物质激励（Q12）	0.579	0.905	
管理业绩（共 4 个问题）			0.874
合作效益（Q14）	0.719	0.842	
利益维护（Q15）	0.726	0.839	
任务凝聚（Q16）	0.749	0.831	
人际关系凝聚（Q17）	0.722	0.841	
社会影响（共 5 个问题）			0.836
商业伦理（Q18）	0.691	0.789	
职业道德（Q19）	0.720	0.798	
就业（Q20）	0.619	0.811	
公益事业（Q21）	0.637	0.804	
社会认可（Q22）	0.601	0.815	
社长声誉（共 22 个问题）			0.949

6.2.2　社长声誉效度分析

（1）探索性因子分析。

社长声誉量表的结构效度比较好，由表 6 - 4 中数据可以看出其 KMO 样本测度值大于 0.8，同时 Bartlett 半球体检验都小于 0.001，运用主成分分析法进行因素分析后得到的因素结构，舍去低于 0.5 的值，各因子的载荷及因素分析的各项指标如表 6 - 4 所示。从分析结果可以看出社长声誉量表结果识别与问卷变量分类基本一致，说明社长声誉量表在理论逻辑上具有较强的合理性。

表 6 - 4　正交旋转后社长声誉因素载荷矩阵

测量题项（变量） 因子负荷	F1	F2	F3
前瞻能力（Q1）	0.241	0.279	**0.707**
决策能力（Q2）	0.085	0.351	**0.695**

续表

因子负荷 测量题项（变量）	F1	F2	F3
控制能力（Q3）	0.191	0.213	**0.703**
用人能力（Q4）	0.018	0.477	**0.508**
执行能力（Q5）	0.014	0.154	**0.554**
人脉构建能力（Q6）	0.290	0.264	**0.590**
民意接收能力（Q7）	0.154	0.229	**0.654**
纠纷处理能力（Q8）	0.404	0.123	**0.693**
创新意识（Q9）	0.313	0.239	**0.641**
创新行为（Q10）	0.259	0.243	**0.726**
创新成果（Q11）	0.351	0.249	**0.669**
物质激励（Q12）	0.081	0.289	**0.735**
合作效益（Q14）	0.028	**0.628**	0.260
利益维护（Q15）	0.262	**0.560**	0.309
任务凝聚（Q16）	0.022	**0.622**	0.161
人际关系凝聚（Q17）	0.438	**0.527**	0.326
商业伦理（Q18）	**0.614**	0.214	0.245
职业道德（Q19）	**0.598**	0.350	0.219
就业（Q20）	**0.661**	0.225	0.278
公益事业（Q21）	**0.524**	0.197	0.124
社会认可（Q22）	**0.637**	−0.012	0.529
累计方差贡献率	62.274		
KMO	0.954		
Bartlett	3874.489		
sig.	0.000		

提取方法：主成分分析。

旋转方法：Kaiser 标准化最大方差法。

a. 旋转在 11 次迭代后已收敛。

（2）验证性因子分析。

为检验观测变量和潜变量之间的假设关系，运用验证性因子分析定量探讨和确认结构模型，通过检验数据拟合程度来考察结构效度，寻求数据与模型的最佳拟合，检验因素指标的效度与理论构想之间的关系，得到的结果更具有确定性。利用 AMOS22.0 软件对社长声誉的验证性因子分析结果如表 6–5 所示。

表 6–5 社长声誉的验证性因子分析拟合指标

χ^2	df	χ^2/df	PNFI	PCFI	CFI	NFI	IFI	GFI	RMSEA
586. 647	186	2. 154	0. 755	0. 792	0. 904	0. 953	0. 935	0. 925	0. 077

精简拟合度指标 $\chi^2/\mathrm{df} = 2.154 < 3$，PNFI $= 0.755 > 0.5$，PCFI $= 0.792 > 0.5$；增值拟合度指标 CFI $= 0.904$、NFI $= 0.953$、IFI $= 0.935$ 均接近 1，绝对拟合度指标 GFI $= 0.925$ 接近于 1、RMSEA $= 0.077 < 0.08$ 接近 0，表明上述拟合度指标都达到了所要求的标准，该测量模型较为合理。综上所述，社长声誉量表通过效度验证，该模型可以代入后续的结构方程模型中进行进一步的分析。

第7章　农民专业合作社社长声誉
对社员信任建立的影响机理研究

本章主要基于声誉和信任之间关系存在分歧的研究现状，立足于合作社基本情况，鉴于声誉与信任之间存在的不明确影响关系以及对合作社管理的积极作用，采取"理论模型的搭建—实证研究"的基本思路开展工作，以利益相关者理论、角色理论为基础，通过对利益相关者诉求和社长角色的整理剖析构建社长声誉测量体系，以前景理论为基础分析信任建立的动态过程，构建内部信任建立的测量体系，搭建两者关系的结构方程模型，结合实证研究的数据，厘清了社长声誉分别在信任感知、信任维持、情感认同方面的主要影响因素。

7.1　理论分析与研究假设

7.1.1　前景理论与信任关系建立

前景理论最早由 Kahneman 和 Tversky（1979）首次明确提出，认为个体在进行决策时实际上是对"前景的选择"，它是以人的心理变化特征为基线的理论，能够更加有力地解释人的行为选择，主要基于人的行为从编辑到评价的两个基本阶段，首先是通过对事物的直接感知接收初步信号，并对信号进行处理编辑以形成自身的判断估计和选择。从而描述了现实情况下人们的决策行为，对风险角色和管理工作的开展均有着重要的作用。农民专业合作社在其发展过程中面临着自然灾害风险、生产资料供给不确定性风险、农产品价格波动风险、农产品质量安全、不完全信息风险、决策风险等诸多风险，而信任本身就包含了两层含义：对他人合作行为发生（或不发生）概率的判断；对合作成功收益（或失败损失）的判断。因此，为准确深入地了解信任建立的动态发展过程，本书以前景理论为基础，结合 Serva（2003）等认为"信任可以通过行动—反应循环圈而改变"的思想以及王涛和顾新（2010）以相互信任的建立和演化作为划分信任从"尝试性—维持性—延续性"的思路，本书最终认为内部信任的建立有三个维度：信任感知、合作维持和情感认同。

在信任发生的初始阶段，社长与其他社员通过初始接触得以了解对方，社长作为合作社的领军人物，具有带动合作社发展的责任和义务，外界不可控的因素促使社长主动获取其他社员的信任，采取一系列如关怀、公正、正直等行为，当这些行为被其他成员所感知，便为信任建立打下了基础。随着了解的加深，基于认知情况的信任会在合作的过程中不断检验、转化，会根据在合作过程中的种种表现如相互之间的沟通、对于问题的处理情况、合作的效果等会被社员不断地感知、编辑，信任就在这样的合作过程中得以强化和维持。随着社长和社员之间信任关系的不断深化，其他成员对社长产生诸如忠诚、风险承担等方面的情感认同时，意味着合作社内部关系是稳定和谐的，社长管理是有效的，合作社发展是健康有序的。当社长看到这种正面结果后，又会不断反省自己，调整可信行为，为合作社内部合作关系的稳定做出贡献。因此，在信任感知的基础上，通过合作维持主线有机串联各个成员，最终通过情感认同进行评价估值以传递和延续信任并反向指导社长行为，从而系统性地阐述了信任建立的一个动态过程。

综合上述分析，在以能人社长为核心的合作社内部的信任包含了两个层面，一个是社员对社长的信任，另一个是社员对其他社员的信任。由于社长在合作社中处于领军人物的特殊位置，社员对社长的信任在合作社形成和发展过程中起着至关重要的作用，本书内部信任主要是指社员对社长的信任。根据前景理论指导思想，在内部信任建立方面，以信任"发生—强化—维持"为主线（见图7-1），将内部信任划分为三大维度，即社员对社长的信任感知、社长与社员之间的合作维持、社员对社长的情感认同。在信任感知方面，杨中芳和彭泗清（1999）、谢凤华（2005）认为信任感知受到个人因素、合作环境、熟悉度等因素的影响，结合学者的观点以及合作社的现实情况将社员对社长的信任划分为个人特征、表现和熟悉情况三大层面。在合作维持方面，马光川（2004）、尚海成等（2013）认为合作行为是合作社最核心的部分，合作社的合作主要是社员之间的合作。由于社员具有经济人特质，本书将内部信任分为合作行为、合作效果和风险承担三个层面。在情感认同方面，情感认同是信任延续的重要因素，吕洪良（2006）认为满意度、减少冲突有助于提升信任程度，组织之间的长期导向意愿也就越高，本书将情感认同维度进一步划分为发展信心、情感归属、态度认同、口碑传播。如表7-1所示。

图 7 - 1　基于前景理论的内部信任建立的"发生—强化—维持"动态过程

表 7 - 1　内部信任建立测量

结构变量	维度	观测变量
内部信任建立	信任感知	技术水平 文化水平 身体素质 心理素质 口碑 正直 善意 合作社影响 认知途径 社长魅力 血缘关系 地缘关系
	合作维持	问题处理 相互沟通 配合程度 合作效果 投资意愿 风险态度
	情感认同	发展信心 情感归属 态度认同 口碑传播

7.1.2　研究假设

Deutsch（1985）、McAllister（1995）、Sako（1992）、黄维德和苏庆翔（2007）认为，能力是影响信任的一个重要因素，能力越强则越能得到别人的信任。杨海舟（2008）通过在合作社中影响社员对社长信任因素的剖析发现，社长的能力、正直品行、社长与社员的关系以及社长对社员的关心对于社员对社长的信任有显著影响。金玉芳和董大海（2004）从过程的角度出发，对施信方和受信方的判断过程进行了探讨，并得出受信方的能力、善意和动机会影响判断过程，从而影响信任。由此可见，社长作为合作社的信任核心，其能力的大小直接影响社员的判断过程，能力越强则会被社员更直观地感知和识别，从而更愿意在合作中配合社长的工作，达到更高的归属感。基于前面的理论分析和上述推理，提出以下假设：

假设 1（H1）：社长能力对内部信任建立有正向的影响作用

H11：社长能力对其他社员对社长产生的信任感知有正向的影响作用

H12：社长能力对其他社员与社长之间的合作维持具有正向的影响作用

H13：社长能力对其他社员对社长的情感认同具有正向的影响作用

管理业绩是社长工作成绩的记录和表现，是社长从事工作的结果，社长的个人业绩是可以自控并且与合作社的目标紧密相关的一种行为。薛芬芳（2006）、姜烨（2013）的研究表明信任与绩效之间是存在一定的影响作用的。张维迎和柯荣住（2003）通过研究指出，个体自身的现有发展水平不同会对大众对其的信任水平产生影响。可以知道，管理业绩能够增加社长的承诺力度，业绩作为社长工作的成绩和结果，社员通过对社长工作业绩的直接感知，能够在心目中建立对社长的直接形象，能够促进信任的形成，持久性的良好业绩更能够加强内部合作，社长能够获得更高层次的信任，进而产生对社长甚至组织的归属和认同感。

假设 2（H2）：管理业绩对内部信任建立有正向的影响作用

H21：管理业绩对其他社员对社长产生的信任感知有正向的影响作用

H22：管理业绩对其他社员与社长之间的合作维持具有正向的影响作用

H23：管理业绩对其他社员对社长的情感认同具有正向的影响作用

社长所产生的社会影响是指社长在生活中所发生作用的控制力，这种控制力表现在大众对其的认知、倾向、意见、态度和信仰以及外表行为等，社长的社会影响主要表现在对社会的贡献、伦理道德等方面，可以通过垂直和横向平行两个方向进行运作。赵仁勇（2003）认为信任的产生与信任对象的道德、能力和彼此间信息沟通有着直接的联系，并指出品德因素是最基础的方面，包含职业道德和个人品德等内容。另外，Kramer 等（2006）、李晋（2009）、卜毅（2009）的观点也证实，道德、伦理等因素对信任有着促进作用。可见，社长所产生的社会影响作为一种传播现象，往往表现为联系、继承、延续或发展等，能够增加社员对其的信任感知，并且具备互动强化的特征，通过和社员之间的人际互动不断强化，而这个过程也就是加强合作的过程，从而促进合作的继续，长此以往，便会促进社员对社长个人的情感归属和认同。

假设 3（H3）：社长产生的社会影响对内部信任建立有正向的影响作用

H31：社长对产生的社会影响对其他社员对社长产生的信任感知有正向的影响作用

H32：社长对产生的社会影响对其他社员与社长之间的合作维持具有正向的影响作用

H33：社长对产生的社会影响对其他社员对社长的情感认同具有正向的影响作用

7.2　实证检验与分析

7.2.1　信度、效度检验与探索性因子分析

（1）信度分析。

为反映被测特征的真实程度，对测量题项进行信度分析，确保测量的可信性。本书采用 Cronbach's α 一致性系数 α 来分析信度，以检验每一个因素中各个测量项目是否检测相同的或者相似的特性。Cronbach Ahpha（1951）认为当 CITC 的值小于 0.5 时，通常就删除该测量项目，然而也有学者认为 0.3 也符合研究的

要求，本书选择 0.5 作为净化测量项目的依据，如表 7 - 2 和表 7 - 3 所示。

表 7 - 2　Cronbach's α 判断矩阵

Cronbach's α	>0.9	0.7 ~ 0.9	0.35 ~ 0.7	0.35 以下
可信程度	信度非常好	高信度	中等信度	低信度

表 7 - 3　信任建立量表的信度分析

测量项目	CITC	项目删除后的 Cronbach's α 系数	Cronbach's α 系数
信任感知（共 11 个问题）			0.792
文化水平（Q24）	0.503	0.724	
身体素质（Q25）	0.502	0.739	
口碑（Q27）	0.599	0.705	
善意（Q29）	0.523	0.714	
合作社影响（Q30）	0.501	0.717	
社长魅力（Q32）	0.666	0.689	
地缘关系（Q34）	0.560	0.777	
合作维持（共 6 个问题）			0.861
问题处理（Q35）	0.642	0.820	
配合程度（Q37）	0.595	0.829	
合作效果（Q38）	0.653	0.819	
投资意愿（Q39）	0.716	0.821	
风险态度（Q40）	0.790	0.779	
情感认同（共 4 个问题）			0.806
满意（Q41）	0.639	0.771	
情感归属（Q42）	0.705	0.720	
忠诚（Q43）	0.594	0.770	
口碑传播（Q44）	0.630	0.755	
信任建立（共 22 个问题项）			0.891

（2）效度分析。

效度分析的目的是测量问卷的准确度，包括内容效度和结构效度两类。本书以大量文献理论为基础，以角色理论、利益相关者理论搭建问卷理论框架，并结合合作社实际情况，对同一指标从不同角度进行考察，能够更准确测度所需数据，而且调查对象不仅包含了合作社的各个层次，保证了数据的全面真实，因此，本书问卷具有一定的内容效度，在这里本书以因子分析法来验证本书各量表的结构效度。

首先，验证测量项目是否适合做因子分析。运用 KMO 样本测度与巴特莱特球体检验（Bartlett Test of Sphericity）判断样本是否适合做因子分析，KMO 样本测度的判断依据如表 7 - 4 所示，且巴特莱特球体检验统计值的显著性概率小于等于 0.001 时，可以作因子分析。在因子分析时，采用主成分分析法进行分析，按照特征根大于 1 的原则和最大方差法正交旋转进行因子抽取。若某测量项目的因子载荷小于 0.5，则删除该测量项目。当剩余测量项目的因子载荷都大于 0.5，且解释方差的累积比例大于 50% 时，则表示测量项目符合要求。

表 7 - 4　KMO 测度判断因子分析适合度

KMO 值	≥0.9	0.8~0.9	0.7~0.8	0.6~0.7	0.5~0.6	0.5 以下
适合程度	非常适合	很适合	适合	不太适合	很勉强	不适合

1）探索性因子分析。社长与内部信任建立量表的结构效度也比较好，由表中数据可以看出其 KMO 样本测度值大于 0.8，同时 Bartlett 半球体检验都小于 0.001，运用主成分分析法进行因素分析后得到的因素结构，舍去低于 0.5 的值，各因子的载荷及因素分析的各项指标如表 7 - 5 所示。从分析结果可以看出前社长与内部信任建立量表结果识别与问卷变量分类基本一致，说明社长与内部信任建立量表在理论逻辑上同样具有较强的合理性。

表 7 - 5　正交旋转后信任建立因素载荷矩阵

测量题项（变量）	F1	F2	F3
文化水平（Q24）	0.039	0.359	**0.584**
身体素质（Q25）	0.118	0.143	**0.715**
口碑（Q27）	0.057	0.015	**0.605**
善意（Q29）	0.139	0.086	**0.733**

续表

测量题项（变量）	因子负荷 F1	F2	F3
合作社影响（Q30）	0.090	0.127	**0.591**
社长魅力（Q32）	0.157	0.287	**0.735**
地缘关系（Q34）	0.201	0.025	**0.598**
问题处理（Q35）	**0.618**	0.207	0.265
配合程度（Q37）	**0.533**	0.081	−0.103
合作效果（Q38）	**0.601**	0.101	0.325
投资意愿（Q39）	**0.862**	0.199	0.092
风险态度（Q40）	**0.879**	0.237	0.135
满意（Q41）	0.337	**0.719**	0.219
情感归属（Q42）	0.191	**0.612**	0.194
忠诚（Q43）	0.122	**0.727**	0.310
口碑传播（Q44）	0.252	**0.592**	0.442
累计方差贡献率	61.624		
KMO	0.887		
Bartlett	2081.300		
sig	0.000		

提取方法：主成分分析。

旋转方法：Kaiser 标准化最大方差法。

a. 旋转在 8 次迭代后已收敛。

2）验证性因子分析。同样，为了后续建立的结构方程模型更加合理、科学，针对信任量表进行验证性因子分析，验证性因子分析结果如表 7-6 所示。

表 7-6　信任量表的验证性因子分析拟合指标

χ^2	df	χ^2/df	PNFI	PCFI	CFI	NFI	IFI	GFI	RMSEA
489.636	101	2.848	0.649	0.679	0.907	0.971	0.909	0.985	0.079

精简拟合度指标 $\chi^2/df = 2.848 < 3$，$PNFI = 0.649 > 0.5$，$PCFI = 0.679 > 0.5$；

增值拟合度指标 CFI = 0.907、NFI = 0.971、IFI = 0.909 均接近 1，绝对拟合度指标 GFI = 0.985 接近于 1、RMSEA = 0.079 < 0.08 接近 0，表明上述拟合度指标都达到了所要求的标准，该测量模型较为合理。综上所述，信任建立量表通过效度验证，该模型可以代入后续的结构方程模型中进行进一步的分析。

7.2.2 结构方程模型的拟合与假设检验

（1）相关性分析。

为了研究社长声誉与内部信任建立的关系，进行相关分析，以确定两者之间是否存在关联性，本书采用 Spearman 积差相关方法，使用 SPSS22.0 统计分析软件计算两者之间的相关系数，对数据缺失值采用按对排除的方法进行处理。如表 7-7 所示。

表 7-7　社长声誉和内部信任建立的变量相关分析结果

社长声誉		内部信任建立		
		信任感知	合作维持	情感认同
社长能力	相关系数	0.184 **	0.201 **	0.110 +
	显著性（双尾）	0.004	0.002	0.085
管理业绩	相关系数	0.155 *	0.216 **	0.157 *
	显著性（双尾）	0.015	0.001	0.014
社会影响	相关系数	0.157 *	0.220 **	0.146 *
	显著性（双尾）	0.013	0.000	0.022

注：** 表示相关性在 0.01 级别显著（双尾）；* 表示相关性在 0.05 级别显著（双尾）；+ 表示相关性在 0.10 级别显著（双尾）。

从表 7-7 中可以看出，社长声誉的三个变量和内部信任建立的三个变量之间存在着相关性，可见，社长声誉和内部信任建立之间存在着关联性，可以进一步运用结构方程模型进行因果分析。

（2）模型评价与修正说明。

众多学者通过研究指出，一个模型的测量部分要想被识别出来，需要满足以下两个条件：一是若因子间存在相关关系，则每个因子至少有两个测量指标；二是若因子间无相关关系，则要求每个因子至少有三个测量指标。本书的潜变量测量指标最少为三个，均满足要求，因此，模型的测量部分可以识别。另外，根据 t – 法则对模型能否被识别继续检验，根据公式 $t \leqslant (p+q)(p+q+1)/2$ 进行判断，其中，p 为外源潜变量的指标个数，q 为内生潜变量的指标个数，t 为模型中待估参数的个数。本书中外源潜变量的指标个数是21，内生潜变量的指标个数是16，模型的待估参数 t 最多时为86，满足上述公式，故本书的模型是可以识别的。

随后，还需要对结构方程模型进行拟合，并根据拟合结果对模型进行评价和修正，以此形成最终确定的模型。侯杰泰（2004）认为，对于模型的评价可以从三个方面进行考虑：一是用各种拟合指标对模型进行整体评价；二是通过各个参数显著性的检验，评价各参数的意义及合理性；三是用测定系数评价方程对数据的解释力。本书主要运用整体模型拟合度和参数的显著性检验对模型进行评价和修正。

（3）模型的拟合与修正。

根据构建的"社长声誉与内部信任建立"结构方程模型，将调研数据带入该模型，利用 AMOS22.0 进行路径分析，得到结果如图 7 – 2 和表 7 – 8 所示，拟合优度指标数值和拟合优度判断情况如表 7 – 9 所示。

表 7 – 8　预设模型的因果路径系数及检验

路径	标准化路径系数	标准误差	C. R.	P
信任感知←社长能力	0.431	0.221	3.675	***
合作维持←社长能力	0.049	0.155	0.433	0.665
情感认同←社长能力	0.124	0.139	1.107	0.268
信任感知←管理业绩	0.808	0.263	8.101	***
合作维持←管理业绩	0.702	0.182	7.379	***
情感认同←管理业绩	0.751	0.149	8.689	***
信任感知←社会影响	0.402	0.275	3.660	***
情感认同←社会影响	0.64	0.159	6.713	***
合作维持←社会影响	0.710	0.170	7.614	***

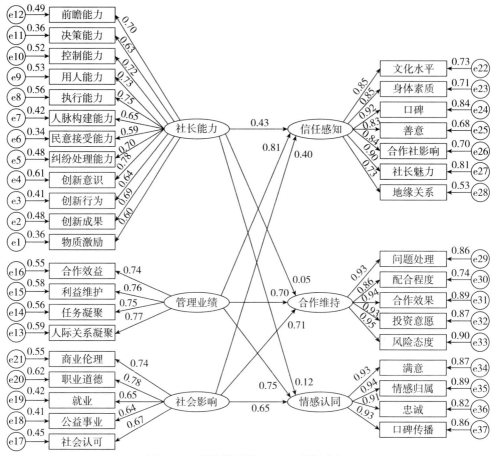

图 7-2 预设模型的 AMOS 分析路径

表 7-9 预设模型的拟合优度检验

拟合优度指标	χ^2/df	PNFI	PCFI	CFI	NFI	IFI	GFI	RMSEA
模型结果	2.918	0.538	0.591	0.901	0.911	0.921	0.813	0.079
理想标准	<3	>0.5	>0.5	>0.9	>0.9	>0.9	>0.9	<0.08
是否符合标准	是	是	是	是	是	是	是	是

从 AMOS 输出结果来看，无论外源变量还是内生变量，因子负荷系数都在 0.5 以上，达到 0.001 的显著水平，且观测变量间的协方差显著性检验均达到 0.05 显著性水平并且方差没有出现负值、相关系数绝对值没有大于 1，可见，模

型所得到的参数具备合理的可解释性含义，模型符合基本拟合标准。从修正指数项目来看，除 e32↔e33 外，其余的 MI 指数都不显著大，并且表 7-8 可以看出，社长能力→合作维持和社长能力→情感认同两个路径系数未通过显著性检验，综上所述，需要对模型进行修正。

首先，增加 e32↔e33 的路径，通过 AMOS22.0 软件的运算，Modification Indices 中所有的 MI 指数均达到不显著大。然后，针对上面所述的两条未通过显著性检验的路径对其进行修正，需要逐一删除路径，并且每删除一条路径，便重新检验模型。在删除路径前，要先从现实意义进行考虑，以便寻找支持路径删除的理由。社长能力→合作维持表示社长能力对于社长和社员间合作的维持具有正向影响作用。在合作社的实际情况中，社员和社长之间的合作的产生最开始是和社长的能力有关系的，但是随着合作的进行，社员出于自身利益的考虑会逐步重视社长做出的贡献，只有得到他们想要的东西，符合他们的预期，合作才得以继续，此时社长能力便逐步淡化退出。因此，理论上支持删除该路径。

从整体模型的拟合优度看，修正模型 1 的拟合指标均达到了设定的标准，模型拟合良好，可见，删除路径社长能力→合作维持从模型角度考虑是可取的。从输出结果来看，所有的修正指数均不显著大，此时不需要增加路径。上表社长能力→情感认同未通过显著性检验，还需要对模型进行修正。社长能力→情感认同表示社长能力对内部社员对社长的情感认同具有正向的影响作用。由于社员在刚加入合作社的时候出于对合伙人的考虑，对社长的能力有所诉求，但是合作社成员是以利益为目的的，随着合作的深入，最后影响社员行为和选择的往往是自身利益的满足和期望的达到，此时社长能力效用也逐步减少，因此，理论上支持删除该路径，如表 7-10 和表 7-11 所示。

表 7-10 修正模型 1 的因果路径系数及检验

路径	标准化路径系数	标准误差	C. R.	P
信任感知←社长能力	0.249	0.122	3.490	***
情感认同←社长能力	0.010	0.054	0.301	0.764
信任感知←管理业绩	0.785	0.276	7.746	***
合作维持←管理业绩	0.680	0.147	9.786	***

路径	标准化路径系数	标准误差	C. R.	P
情感认同←管理业绩	0.689	0.136	9.596	***
信任感知←社会影响	0.568	0.231	6.362	***
情感认同←社会影响	0.724	0.141	8.938	***
合作维持←社会影响	0.733	0.154	9.196	***

表7－11　修正模型1的拟合优度检验表

拟合优度指标	χ^2/df	PNFI	PCFI	CFI	NFI	IFI	GFI	RMSEA
模型结果	2.816	0.563	0.619	0.934	0.923	0.953	0.934	0.074
理想标准	<3	>0.5	>0.5	>0.9	>0.9	>0.9	>0.9	<0.08
是否符合标准	是	是	是	是	是	是	是	是

从整体模型的拟合优度看，修正模型2的拟合指标均达到了设定的标准，模型拟合良好，可见，删除路径社长能力→情感认同从模型角度考虑是可取的。从输出结果来看，所有的修正指数均不显著大，此时不需要增加路径。此时的模型达到了理想标准，如表7－12、表7－13和图7－3所示。

表7－12　修正模型2的因果路径系数及检验

路径	标准化路径系数	标准误差	C. R.	P
信任感知←社长能力	0.256	0.115	4.094	***
信任感知←管理业绩	0.786	0.258	7.961	***
合作维持←管理业绩	0.680	0.134	10.082	***
情感认同←管理业绩	0.695	0.119	10.481	***
信任感知←社会影响	0.563	0.219	6.497	***
情感认同←社会影响	0.719	0.133	9.374	***
合作维持←社会影响	0.733	0.152	9.318	***

表7－13　修正模型2的拟合优度检验

拟合优度指标	χ^2/df	PNFI	PCFI	CFI	NFI	IFI	GFI	RMSEA
模型结果	2.810	0.564	0.619	0.937	0.928	0956	0.935	0.073
理想标准	<3	>0.5	>0.5	>0.9	>0.9	>0.9	>0.9	<0.08
是否符合标准	是	是	是	是	是	是	是	是

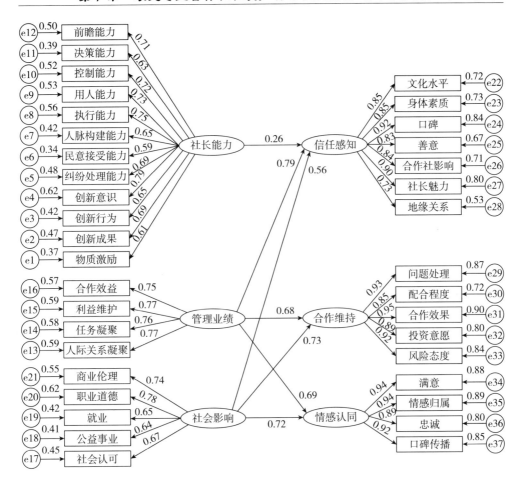

图 7-3　模型修正 2 的 AMOS 分析路径

表 7-14 是预设模型和两个修正模型的拟合指数比较汇总表，结果显示修正模型 2 是拟合度高的相对简洁的模型。

表 7-14　预设模型和修正模型拟合优度指数比较汇总

模型	χ^2/df	PNFI	PCFI	CFI	NFI	IFI	GFI	RMSEA
预设	2.918	0.538	0.591	0.901	0.911	0.921	0.913	0.079
修正 1	2.816	0.563	0.619	0.934	0.923	0.953	0.934	0.074
修正 2	2.810	0.564	0.619	0.937	0.928	0.956	0.935	0.073

（4）假设检验与结果。

根据最终模型修正模型 2 的因果路径系数，前面所提出的假设得到验证，验证情况如表 7 - 15 所示。

表 7 - 15　假设检验结果

假设	检验情况
H11：社长能力对信任感知有正向的影响作用	支持
H12：社长能力对合作维持有正向的影响作用	不支持
H13：社长能力对情感认同有正向的影响作用	不支持
H21：管理业绩对信任感知有正向的影响作用	支持
H22：管理业绩对合作维持有正向的影响作用	支持
H23：管理业绩对情感认同有正向的影响作用	支持
H31：社长产生的社会影响对信任感知有正向的影响作用	支持
H32：社长产生的社会影响对合作维持有正向的影响作用	支持
H33：社长产生的社会影响对情感认同有正向的影响作用	支持

7.3　本章小结

7.3.1　社长声誉对信任感知的影响

根据假设检验结果发现社长能力、管理业绩和社会影响均对信任感知有显著的正向影响作用，因果效应系数分别为 0.256、0.786 和 0.563，其中，管理业绩对信任感知的正向促进作用是最显著的，社长产生的社会影响对信任感知的产生也具有较强的促进作用，社长能力对信任感知的促进作用相对较弱。

第一，社长团队凝聚者角色的扮演以及利益代言人的形象有助于社员迅速产生信任感知。管理业绩对信任感知的产生有着显著的促进作用，社长作为合作社的团队凝聚者和利益代言人，其任务凝聚和人际关系凝聚以及合作效益和利益维护对管理业绩的回归系数均在 0.75 以上，通过因果关系链的传导对信任感知起到了积极的促进作用。通过分析发现，社长在平时工作中对于合作社人际关系的处理和对内部团结氛围的营造能够更好地影响社员信任行为的选择，产生对社长的信任意愿。并且社长在合作社中不单考虑自身的利益还要为整个合作社谋利益，需要承担带动技术推广和运用、提升合作社效益、扩大合作社规模、维护社员利益等诸多工作，这些工作的结果会直接对合作社整体水平的提升以及社员收入的增加带来积极的影响，即社长个人对于合作社的经营效果会通过合作社声誉表象化其个人声誉，合作社效益好便会增加社员的合作信心，间接性促进了社员对社长信任的产生。

第二，社长个人道德对于社员信任的态度有着一定的控制作用。社长产生的社会影响对信任感知有着较强的促进作用，其主要是通过伦理道德楷模角色的扮演促进信任感知的产生，其商业伦理和职业道德对伦理道德楷模的回归系数达到了 0.75 和 0.79。社长在日常的工作中秉持公平公正原则、诚实守信、遵纪守法、关心他人等行为树立了良好的道德形象，在农村社会中拥有更大的受众群体，作为一股无形的拉动力量起到对社员行为倾向的控制作用。

第三，社长关系协调和激励角色有待进一步加强。社长能力虽然对信任感知具有促进的作用，但是因果效应系数仅为 0.256，促进作用相对较弱。社长能力主要是根据社长日常工作角色的扮演来体现的，作为合作社的领军人物，承担了领袖、关系协调、革新和动员激励等多种角色，但是通过分析发现，在社长能力发挥时，关系协调者角色和动员激励者角色对社长能力的回归系数较小，使得在合作社的发展过程中没能与社员进行及时有效的沟通，对于社员提出的意见和建议没能及时采纳和处理，再加上对于社员的激励工作欠缺，从而导致社长能力对社员信任的产生作用相对弱化。

7.3.2　社长声誉对合作维持的影响

根据假设检验结果发现社长能力→合作维持路径没有通过检验，可见，社长能力对于合作维持没有影响。同时还发现，管理业绩和社长产生的社会影响对合作维持有正向的促进作用，因果效应系数分别为 0.680 和 0.733。可见，社长产生的社会影响较管理业绩而言对于合作维持具有更加显著的影响。

第一，社长伦理道德楷模形象有利于加深与社员的合作关系。社长产生的社会影响对信任的维持具有显著的促进作用，其中，社长作为合作社的伦理道德楷模，其在日常工作中的商业伦理和职业道德对社会影响的回归系数达到0.75和0.99，对于合作关系的维持做出了较大的贡献。中国深受儒家思想的影响，对道德十分推崇，基于个人道德的信任在农村社会中始终有着十分深远的影响。社长通过道德形象的树立可以使社员愿意同他交往和合作，相信社长具有足够的自我约束力，不会做坏事，不会发生不良行为，不对社长进行监视、控制和干预，相信并敢于托付，加深了合作的程度和水平。

第二，社长充分发挥凝聚角色有助于加深与社员的合作关系黏合。凝聚力是改变社员与合作社之间若即若离关系的重要力量，有助于增加合作的确定性。社长扮演着团队凝聚者的角色，通过任务的凝聚提高工作效率和效果，通过人际关系的凝聚为合作社的发展营造更好的人文环境，增强了合作社经济利益和文化的凝聚，能够通过合作关系的发生增加社员的收益、解决生产技术问题，并有增加投资、承担风险的意愿，符合社员加入的合作预期，加深社员对社长的依赖和信任。

第三，社长能力对合作的维持没有影响。前文在对模型进行修正时，删除了社长能力→合作维持的路径，主要是由于受到社长自身的影响，社长在合作社中个人能力是有限的，特别是在作为领袖角色的扮演上较为缺乏前瞻、决策、控制、用人、执行等能力，未能充分发挥应有的作用，权威没能完全建立，欠缺与成员之间的联系交流，但是现实生活中的社长大多由能人担当，虽然他们有过人的本领，但综合能力较为欠缺，再加上合作维持期社员更加注重个人利益的获得，是使得合作维持期社长能力对其没有影响的主要原因。

7.3.3　社长声誉对情感认同的影响

根据假设检验结果发现社长能力→情感认同路径没有通过检验，可见，社长能力对于合作的维持没有影响。根据假设检验结果发现管理业绩和社长产生的社会影响对情感认同有正向的促进作用，因果效应系数分别为0.695和0.719。可见，社长产生的社会影响较管理业绩而言对于社员对社长的情感认同具有更加显著的影响。

第一，社长个人魅力延伸情感链、增加情感持久力。社长产生的社会影响对于情感的认同有显著的促进作用，其作为伦理道德楷模和社会贡献者的角色促进了社员情感的认同。社长通过在社员心中树立诚实守信、遵纪守法、吃苦耐劳的正面形象，有助于在社员心中树立高大威严的形象，增加社长的承诺力度，通过社长个人良好形象的传播扩散，能够促进社员对社长的崇拜、增加对社长的情感依恋，甚至成为社长的忠实粉丝，从而增加了情感链的深度，打牢了情感基础，促进社长与社员信任关系的进一步稳定。

第二，社长依托利益和关系双向升华与社员的情感联系。管理业绩同样对情感认同具有较强的促进作用。社长在与社员的交往过程中，不仅注重社员和合作社的利益问题，同时注重与社员之间的沟通和联系，在社员需要帮助时给予人情温暖，这样既满足了社员加入合作社的初衷，兑现了社长的承诺，并让社员得到了意想不到的收获，让社员感到了对与社长合作的满意，并且会在这样的重复过程中得到升华，使得信任链条更加粗壮、结实，促进了信任的稳定。

第三，社长能力对社员产生的情感认同没有影响。前文在对模型进行修正时，删除了社长能力→情感认同的路径，主要是社长人脉构建能力和关系协调能力薄弱，不能处理好与社员的关系，维持并升华关系，从而不能有效建立社员对社长的情感认同。

第8章 农民专业合作社社长声誉对社员信任深化的影响机理研究

　　本章以心理契约为理论基础，试图研究合作社社长声誉对社员信任深化的影响机理。首先，通过文献研究，整理出声誉通过关系质量（满意与信任）这个中介变量来影响忠诚，发现声誉对信任深化的作用机制与心理契约的形成及履行过程相似。由此在第8章中把声誉对信任深化的影响看作心理契约形成与履行的过程，借鉴已有文献对心理契约履行及违背过程的研究，构建社长声誉对社员信任深化的影响机制理论模型框架，以心理契约理论来解释社长声誉对社员信任深化的影响机理。其次，结合已有文献对管理者（企业家、CEO、领导等）声誉、企业声誉研究中的声誉维度划分及测度模型，结合农民专业合作社社长的特殊身份特点，构建社长声誉指标体系；参考前人对员工、顾客及品牌忠诚的测度研究成果，建立社员信任深化的二维测量指标；借鉴已有研究对关系质量（包括关系联结与关系满意）的维度划分，构建社长声誉、关系质量及社员信任深化的结构方程模型。最后，结合实证研究数据，了解社长声誉对关系质量、社员信任深化及其各个维度的直接或间接作用关系，分析社长声誉对社员信任深化的影响过程，进一步探究社员满意度与信任如何在社长声誉作用下对社员信任深化的形成产生影响，基于心理契约的视角为社长声誉的管理、社员信任深化的培育以及合作社的长期稳定发展提供建议。

8.1　理论分析与研究假设

8.1.1　理论分析框架及模型构建

（1）心理契约形成与履行过程。

在前人对心理契约概念及形成过程的研究基础上，很多学者基于心理契约的视角，对基于雇佣关系的个人的信任深化及相关研究进行了剖析。

在艾志红（2017）的研究中，他认为在独立学院教学团队成员间构建心理契约的关系中，信任关系是影响心理契约是否破裂的关键因素；促使教学团队内成员间相互信任，才能最终使教学团队成功运转。在其研究中，团队成员信任关系具有动态性和演化性，然而该研究在信任的动态性和演化性方面，讨论的是组织内个人与个人之间的信任与不信任。

赵熙（2014）在研究雇佣关系的心理契约缔结中，以忠诚为核心进行分析，在其研究中，心理契约是一种影响忠诚形成的双向循环过程，如图 8 - 1 所示。双方根据一定的环境信息进行一定的感知并形成心理期望；然后各自选择适合的方式将自己的期望传递给对方，形成隐性或者是显性的心理契约。在隐性的表达方式中，当双方相互感知但存在不同时，关系产生背离，即心理契约出现违背；当双方相互认可而达成一致的心理契约，两者之间形成相互忠诚关系，心理契约得到履行。在明确的表达方式中，双方履行心理契约，形成忠诚关系。无论是两者关系出现背离还是保持忠诚，双方都会产生相应的态度和行为，在此环境的变化下，双方根据新的条件开始新的双向忠诚过程。

然而对于员工忠诚而言，在目前主流研究中，其表述大都是"Employee Commitment"，而"Employee Loyalty"出现较少。Zangar（2001）专门就这两个词作进行过比较，认为"Commitment"（承诺）具有双向性，而"Loyalty"（忠诚）只是单向的，由此可以看出"Commitment"既可以是员工对组织，也可以是组织对员工；而"Loyalty"大都是指员工对组织。在强调"平等"的西方，学

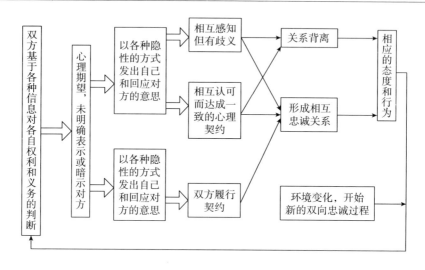

图 8-1 基于心理契约的双向忠诚循环概念模型

者自然更多使用"Commitment"而非"Loyalty"。1990 年，加拿大学者 Allen 和 Meyer 在全面分析前人研究的基础上进行了一次综合：他们把 Becker 提出的"单边投入"命名为"行为承诺"，把 Porter 等提出的承诺命名为"情感承诺"，把 Weiner 提出的承诺命名为"规范承诺"。他们同时还给这三种承诺起了更为通俗易懂的名字，分别是"我不得不承诺""我要承诺"和"我应该承诺"。

关于雇员单位与员工的承诺（Commitment）和信任，游锐（2019）从上级信任和组织承诺的关系以及被信任感和组织承诺的关系等多个方面进行了研究，表明组织承诺（忠诚）在上级信任、被信任感中起部分中介作用；组织承诺（忠诚）中的情感承诺（忠诚）和规范承诺（忠诚）在上级信任和被信任感之间也起部分中介作用。

根据以上基于心理契约的双向忠诚循环概念模型，忠诚、承诺以及信任之间的关系将员工对企业的信任深化形成过程概括为：员工基于各种信息对权利与义务的判断→员工心理期望的表达→员工对企业反馈的实际感知与自身期望判断一致→员工对企业的忠诚形成。

借鉴前人基于心理契约视角，对基于个人与组织的信任深化形成过程研究，结合赵熙以心理契约为基础建立的员工与企业的双向忠诚循环模型，本书将个体对个体的心理契约形成与履行的单向过程归纳总结为：个体对个体在某方面的认知→心理契约形成→感知与判断一致→满意并产生信任→心理契约履行。

（2）问题提出。

社长声誉与社员信任深化的相互作用也是一种社长与社员间合作关系的双向心理契约形成与履行过程，本书仅研究社长声誉影响社员信任深化的单向社员心理契约形成与履行过程。根据前文对心理契约的界定，本书认为社员信任深化即是社员基于一定的信息对社长在某些方面的实际感知与自己在这方面对社长的期望是否一致而建立的心理协议。研究社长声誉对社员信任深化的影响机理，则可以把社长声誉对社员信任深化的作用路径看作社员对社长心理契约的形成与履行过程来进行探讨。

根据总结出的个体对个体的心理契约形成与履行的单向过程，可将社长声誉对社员信任深化的影响路径与此进行一一对应，本书由此认为，个体对个体在某方面的认知可表达为在社长声誉对社员信任深化影响机制中的社长声誉各个维度，心理契约的形成及个体感知与期望的一致两个过程，可表达为对社长声誉进行评价判断，个体对另一方感到满意并产生信任，即为社员对社长的关系质量更加牢固，个体心理契约得到履行则可表现为社员对社长形成信任深化。

由此，本书建立了基于心理契约理论的社长声誉对社员信任深化的正向影响机制概念框架：良好的社长声誉会使社员对社长的实际感知与内心期望一致，建立起有效稳固的关系质量，并对社长本人、与社长的合作过程以及合作结果感到满意，从而对社长产生信任，在长期的合作过程中对社长产生情感依赖、行为追随以及声誉维护，形成对社长的信任深化，如图 8 - 2 所示。

从第 2 章对文献的梳理可知，声誉对关系质量与信任深化均会产生正向影响，而关系质量及其两个主要维度：关系联结以及关系满意，这对信任深化具有正向影响作用。由此不难推测：一方面，声誉会对关系质量产生正向影响，而关系质量又会正向影响信任深化，即关系质量可以作为声誉影响信任深化的中介变量；另一方面，声誉也可能直接对信任深化产生影响。

对此，根据心理契约形成与履行过程推导出的社长声誉对社员信任深化的影响机理框架，构建了心理契约视角下社长声誉通过关系质量影响社员信任深化的概念模型，如图 8 - 3 所示。

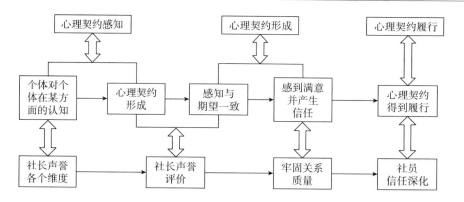

图 8-2 基于心理契约理论的社长声誉对社员信任深化的影响机理框架

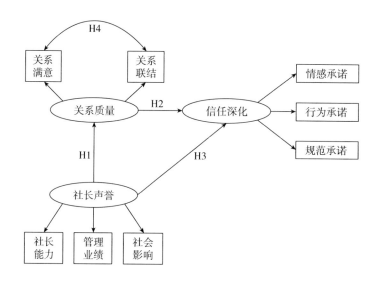

图 8-3 社长声誉对社员信任深化的影响机理概念模型

建立了社长声誉对社员信任深化影响机理概念模型后，可以实证研究出社长声誉、关系质量与社员信任深化三者间的影响关系。因心理契约的形成与履行是一个长期作用过程，为进一步探讨社员对社长的心理契约是如何形成的，即社长声誉是如何影响关系质量的，本书需要建立子模型 1——社长声誉—关系质量概念模型来探究社长声誉及其各个维度对关系质量及其各个维度的具体影响关系。概念模型如图 8-4 所示。

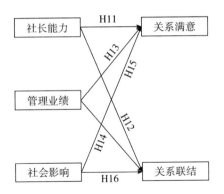

图 8-4 社长声誉—关系质量概念模型

为进一步探讨社员对社长的心理契约是如何履行的，即关系质量是如何影响社员信任深化建立的，本书需要建立子模型 2——关系质量—社员信任深化概念模型来探究关系质量、各个维度对社员信任深化及其各个维度的具体影响关系。概念模型如图 8-5 所示。

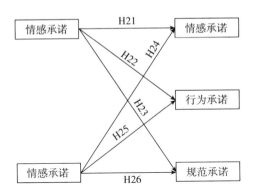

图 8-5 关系质量—社员信任深化概念模型

8.1.2 量表设计

本书的量表包括社长声誉的测量、关系质量的测量和社员信任深化的测量三大部分。其中，社长声誉从社长能力、管理业绩和社会影响三个方面测量；关系质量从关系满意与关系联结两个维度测量；社员信任深化从情感承诺、行为承诺、规范承诺三个维度进行测量。本书中所有量表均采用 Likert5 级量表进行测量，受访者根据合作社以及社长情况对每一项测量题项从以下几方面选择评估结果：1 = 非常不同意；2 = 不同意；3 = 一般；4 = 同意；5 = 非常同意。

（1）关系质量量表设计。

关系质量包括关系满意与关系联结两个方面。Crosby（1990）认为满意和信任是构成关系质量的两大维度。Blackston（1992）也通过研究发现"信任"和"满意"是建立良好品牌关系质量的最重要的两个因素；Hennig - Thurau 和 Klee（1997）、Smith（1998）则指出关系质量应包括对整体关系质量的满意、信任和承诺这三个维度，国内学者刘人怀和姚作为（2005）基于顾客的视角研究关系质量，也将其分为以上三个维度。可见，不论是国外还是国内外的学者，无论是基于顾客视角还是从品牌视角，他们在研究关系质量时，都将其分为信任、满意与承诺其中的两种或者三种，而满意、信任两个维度是所有维度研究中共有的，也是最基础的。

借鉴前文的研究，将社长与社员间的关系质量分为关系满意与关系联结。其中，关系满意从社员对社长个人的满意、对合作过程的满意以及合作结果的满意三方面来进行指标设计；关系联结从社员对社长的信任感知、合作关系以及风险承担三方面来进行指标设计。具体量表如表8 - 1所示。

表8 - 1　关系质量测量

中介变量	维度	合作过程	观测变量
关系质量	关系满意	个人素质满意	技术 文化 身体 心理 能力 品质
		合作过程满意	问题解决 合作立场 合作知情 合作交流 合作服务
		合作结果满意	合作社发展 利益分配 心理感受 利益维护

续表

中介变量	维度	合作过程	观测变量
关系质量	关系联结	信任感知	工作能力 言行处事
		合作构建	合作制度 合作关系 合作信用 稳定交易
		风险承担	未来发展 风险预期

（2）社员信任深化量表设计。

根据前文的文献综述，可以看出信任深化是态度与行为的统一，即信任深化可分为态度忠诚与行为承诺两大维度。加拿大学者 Meyer 和 Allen（1990）认为，员工忠诚是员工对企业的一种心理状态，包括情感承诺、持续承诺与规范承诺。其中，情感承诺是指员工对组织的感情依赖、认同和投入；继续承诺是指员工由于长期在企业中的累积价值与离开成本而持续留在企业的承诺；规范承诺是员工在企业中受到长期的社会影响而形成的一种留在企业中的责任与义务。本书结合合作社的特殊地缘性发展特点以及社长与社员之间的合作关系特点，认为社员信任深化表现在对社长的情感依赖、对与社长合作的维持行为以及对社长声誉的维护方面，总结为：情感承诺、行为承诺与规范承诺。其中，情感承诺为社员对社长的认同、依赖以及与社长共事的归属感；行为承诺为社员与社长合作过程中对社长工作的投入、参与、贡献与追随；规范承诺为社员在社长的带领与管理下，由于长期的社会与地缘影响形成的责任、义务以及对社长声誉的维护。具体量表如表 8-2 所示。

表 8-2 社员信任深化测量

结构变量	维度	观测变量
社员信任深化	情感承诺	社会威望 沟通交心 依赖 认同 归属感

续表

结构变量	维度	观测变量
社员信任深化	行为承诺	寻求帮助 合作交流 参与 投入 贡献 追随
	规范承诺	责任 义务 维护 风险承担 风险追随

8.1.3 研究假设

由文献综述中大量声誉对关系质量的影响研究可知，声誉会对关系质量产生正向影响。再由声誉与关系质量量表设计可知，社长声誉分为社长能力、管理业绩、社会影响三个维度；关系质量分为关系满意与关系联结两个维度。结合基于心理契约视角的社长声誉对于社员信任深化的影响机理模型，本书认为社长声誉的各个维度对关系质量的各个维度也会产生正向影响。

陈涛（2010）以手机行业为例，通过理论探讨与计量研究，证实了基于顾客视角的企业声誉及其各个维度均对企业与顾客间的关系质量有正向影响。唐冶（2010）认为企业声誉对品牌关系质量也具有正向促进作用。沈鹤（2013）认为企业声誉越高，该企业与消费者之间越能建立高质量的品牌关系，企业声誉的两个维度——情感声誉与认知声誉，分别对品牌关系质量的两个维度——信任和满意具有明显的正向促进作用。由此，本书推测，社长声誉对关系质量也会有正向影响作用。

Nick Bontis 和 Lome D. Booker（2007）通过构建关系满意、企业声誉、忠诚和服务推荐之间的关系模型，证明银行声誉和关系满意之间存在相关关系。Sabrina（2007）同样发现了企业声誉对投资者满意之间的正向影响。徐双庆

（2009）将企业声誉细化到不同的维度，通过构建企业声誉与关系满意及其各维度之间的结构方程模型，证实企业声誉各维度均会对消费者的满意水平产生影响。由此推测，社长声誉（及其各个维度）对满意有正向影响作用。

Geok（1999）通过研究发现品牌信任受品牌声誉影响，谢凤华（2006）、王广伟（2008）、徐双庆（2009）认为，企业声誉也会对消费者信任（包括其各个维度）产生直接影响。在合作社的研究中，许淑华（2006）、郭红东等（2008）、刘宇翔（2012）均认为农民专业合作社社长的声誉会影响社员对社长的信任。由此本书推测，社长声誉（及其各个维度）会对信任深化产生正向影响。

由此基于前面的理论分析和上述推理，将社长声誉对关系质量的作用假设进行整理，提出以下假设：

假设 1（H1）：社长声誉对关系质量有正向的影响作用

H11：社长能力对关系满意有正向的影响作用

H12：社长能力对关系联结有正向的影响作用

H13：管理业绩对关系满意有正向的影响作用

H14：管理业绩对关系联结有正向的影响作用

H15：社会影响对关系满意有正向的影响作用

H16：社会影响对关系联结有正向的影响作用

根据第 2 章文献综述中对信任深化驱动因素的探讨发现，关系质量对信任深化有正向促进作用；再由关系质量可分为关系满意与关系联结，信任深化可分为情感承诺、行为承诺以及规范承诺。结合基于心理契约视角的社长声誉对于社员信任深化的影响机理模型，推测社员与社长间的关系质量及其各个维度对社员信任深化及其各个维度均有正向促进作用。

在关于关系质量与信任的研究中，叶贵仁等（2020）通过构建假设模型探讨乡镇政府作风转变与乡镇政府信任的多重关系，发现进一步加强乡镇党风政风建设，对改善官民关系及提升政府满意度具有积极意义，进而能增强民众对乡镇政府的信任，促进基层社会的和谐稳定。因此推测，关系满意会对信任深化产生正向影响。

赵晓峰（2018）认为，合作社在发展过程中构建起的"利益—关系"网络能够让普通农民在频繁交易与重复博弈中深化自身对合作社及其工作人员的信任关系。杨灿君（2016）在研究中发现，在合作社发展的过程中，能人社长通过互惠交易、维护声誉、信息沟通、参与管理等方式发展认知信任，通过展现能力与人格魅力、情感沟通、培育合作文化等方式深化情感信任，从而发挥了信任这一非正式制度的积极作用，增强了合作社内部凝聚力。因此推测，通过关系质量会对信任深化产生正向影响。

基于前文的理论分析和上述推理，将关系质量及其各个维度对信任深化的影响假设整理如下：

假设2（H2）：关系质量对社员信任深化有正向的影响作用

H21：关系满意对情感承诺有正向的影响作用

H22：关系满意对行为承诺有正向的影响作用

H23：关系满意对规范承诺有正向的影响作用

H24：关系联结对情感承诺有正向的影响作用

H25：关系联结对行为承诺有正向的影响作用

H26：关系联结对规范承诺有正向的影响作用

基于社长声誉会影响关系质量、关系质量又会影响社员信任深化的假设，结合基于心理契约视角的社长声誉对于社员信任深化的影响机理模型，本书认为社长声誉能通过关系质量的中介作用影响社员信任深化，也会对社员信任深化产生直接影响，并且关系质量的两个维度关系满意与关系联结也会相互影响，产生正向作用。

基于忠诚与信任深化的前期关系研究，Aaker（1991）认为消费者对品牌的忠诚受品牌声誉的影响。王彩珍（2014）认为消费者感知的企业声誉会对顾客忠诚产生正向影响。因此本书推测，声誉会直接正向影响信任深化。Walsh 等（2006）在对德国电力公司的企业声誉、关系满意对顾客流失的影响研究中发现，企业声誉与关系满意会相互影响。由此推测，满意与信任会相互产生正向影响。

据此，提出以下假设：

假设3（H3）：社长声誉对社员信任深化有直接正向影响作用

假设4（H4）：关系质量中，关系满意与关系联结相互正向影响

8.2 研究模型信度、效度检验与探索性因子分析

根据利益相关者理论与角色理论，分析了利益相关者在合作社社长扮演不同角色时的利益诉求，并借鉴前人的研究构建了社长声誉评价量表；Blackston（1992）、刘人怀和姚作为（2005）对关系质量的划分，将关系质量分为关系满意与关系联结，并根据社员对社长在个人合作关系、合作过程以及合作结果方面的现实满意与信任情况构建了关系质量量表；借鉴加拿大学者 Meyer 和 Allen（1990）对员工承诺的维度划分，结合合作社的实际发展情况，将社员对社长的忠诚分为情感承诺、行为承诺与规范承诺，设计了社员信任深化量表的具体测量题项。

为保证量表的科学性与有效性，使用 SPSS22.0 对改进的量表进行信度分析与探索性因子分析，力求通过检验来剔除不合理题项，使量表更加合理。

8.2.1 信度分析

本书采用 Cronbach's α 一致性系数 α 来分析信度，以检验每一个因素中各个测量项目是否检测相同的或者相似的特性，确保测量的可行性。Cronbach Ahpha（1951）认为当 CITC 的值小于 0.5 时，通常就删除该测量项目，然而也有学者认为 0.3 也符合研究的要求，本书选择 0.5 作为净化测量项目的依据，如表 8 - 3 所示。

表 8 - 3   Cronbach's α 判断矩阵

Cronbach's α	>0.9	0.7 ~ 0.9	0.35 ~ 0.7	0.35 以下
可信程度	信度非常好	高信度	中等信度	低信度

对社长声誉总量表及各维度分量表进行信度分析，根据 CITC ≥ 0.5 的标准，剔除了社长能力中的 AQ6、AQ8、AQ10、AQ11、AQ13 五项。社长声誉量表信度

分析结果表明 Cronbach's α 信度系数为 0.949，社长能力、管理业绩、社会影响分别为 0.913、0.874、0.833，如表 8 - 4 所示。

表 8 - 4   社长声誉量表的信度分析

测量项目	CITC	项目删除后的 Cronbach's α 系数	Cronbach's α 系数
社长能力（共 13 个问题）			0.913
前瞻能力（AQ1）	0.669	0.906	
决策能力（AQ2）	0.585	0.908	
控制能力（AQ3）	0.697	0.904	
用人能力（AQ4）	0.677	0.905	
执行能力（AQ5）	0.698	0.904	
民意接受能力（AQ7）	0.550	0.909	
创新能力（AQ9）	0.777	0.901	
团结激励（AQ12）	0.599	0.912	
管理业绩（共 4 个问题）			0.874
合作效益（AQ14）	0.719	0.842	
利益维护（AQ15）	0.726	0.839	
任务凝聚（AQ16）	0.749	0.831	
人际关系凝聚（AQ17）	0.722	0.841	
社会影响（共 5 个问题）			0.833
商业伦理（AQ18）	0.676	0.788	
职业道德（AQ19）	0.710	0.796	
就业（AQ20）	0.615	0.807	
公益事业（AQ21）	0.636	0.800	
社会认可（AQ22）	0.606	0.809	
社长声誉（共 22 个问题项）			0.951

对关系质量进行信度分析，根据 CITC ≥ 0.5 的标准，剔除关系满意中的 BQ1、BQ5 两项以及关系联结中的 BQ13、BQ16、BQ19 三项。关系质量量表信度分析结果表明 Cronbach's α 信度系数为 0.897，关系满意与关系联结分别为 0.859、0.779，如表 8 - 5 所示。

表 8－5　关系质量表的信度分析

测量项目	CITC	项目删除后的 Cronbach's α 系数	Cronbach's α 系数
关系满意（共 12 个题项）			0.859
文化程度（BQ2）	0.538	0.704	
身体素质（BQ3）	0.535	0.711	
管理能力（BQ4）	0.588	0.683	
问题解决（BQ6）	0.548	0.892	
合作知情（BQ7）	0.535	0.892	
合作服务（BQ8）	0.620	0.890	
合作社发展（BQ9）	0.545	0.892	
利益分配（BQ10）	0.563	0.891	
心理感受（BQ11）	0.530	0.892	
收益结果（BQ12）	0.502	0.893	
关系联结（共 8 个题项）			0.779
工作能力（BQ14）	0.581	0.892	
言行处事（BQ15）	0.578	0.892	
稳定交易（BQ17）	0.534	0.892	
未来发展（BQ18）	0.578	0.892	
风险预期（BQ20）	0.507	0.893	
关系质量（共 20 个题项）			0.897

对社员信任深化进行信度分析，根据 CITC≥0.5 的标准，剔除了情感承诺中的 CQ1 和行为承诺中的 CQ8 两项。社员信任深入量表信度分析结果表明 Cronbach's α 信度系数为 0.830，情感承诺、行为承诺以及规范承诺分别为 0.735、0.846 和 0.744，如表 8－6 所示。

表 8－6　社员信任深化表的信度分析

测量项目	CITC	项目删除后的 Cronbach's α 系数	Cronbach's α 系数
情感承诺			0.735
沟通交心（CQ2）	0.644	0.815	
依赖（CQ3）	0.566	0.825	
认同（CQ4）	0.552	0.822	

测量项目	CITC	项目删除后的 Cronbach's α 系数	Cronbach's α 系数
归属感（CQ5）	0.584	0.828	
行为承诺			0.846
寻求帮助（CQ6）	0.581	0.824	
合作交流（CQ7）	0.576	0.821	
投入（CQ9）	0.714	0.811	
贡献（CQ10）	0.507	0.919	
合作追随（CQ11）	0.563	0.813	
规范承诺			0.744
责任（CQ12）	0.516	0.823	
义务（CQ13）	0.604	0.818	
维护（CQ14）	0.576	0.819	
风险承担（CQ15）	0.531	0.818	
持续追随（CQ16）	0.567	0.821	
社员信任深化（共16个题项）			0.830

由此可见，各因素及各变量的 Cronbach's α 值都在可接受的范围而且全部处于高信度范围之内，表明删除垃圾题项后的各个量表都具有很好的信度。

8.2.2 效度分析

效度分析的目的是测量问卷的准确度。本书以大量文献理论为基础，以角色理论、利益相关者理论搭建问卷理论框架，并结合合作社实际情况，对同一指标从不同角度进行考察，能够更准确测度所需数据，调查对象包含了合作社的各个层次，保证了数据的全面真实，因此，本书以因子分析法来验证本书各量表的结构效度。

首先，运用 KMO 样本测度与巴特莱特球体检验（Bartlett Test of Sphericity）判断样本变量是否适合做因子分析，KMO 样本测度的判断依据如表 8 - 7 所示，且巴特莱特球体检验统计值的显著性概率小于等于 0.001 时，可以作因子分析。在因子分析时，采用主成分分析法进行分析，按照特征根大于 1 的原则和最大方差法正交旋转进行因子抽取。以测量项目的因子载荷是否大于 0.5 来保留该测量项目，小于0.5的予以删除。当解释方差的累积比例大于50%时，则表示测量项目符合要求。

表8-7　KMO测度判断因子分析适合度

KMO值	≥0.9	0.8~0.9	0.7~0.8	0.6~0.7	0.5~0.6	0.5以下
适合程度	非常适合	很适合	适合	不太适合	很勉强	不适合

（1）关系质量的效度分析。

关系质量量表的结构效度也比较好，由表中数据可以看出其KMO样本测度值大于0.8，同时Bartlett半球体检验都小于0.001，运用主成分分析法进行因素分析后得到的因素结构，舍去低于0.5的值，各项指标如表8-8所示。从分析结果可以看出关系质量量表结果识别与问卷变量分类基本一致，说明关系质量量表在理论逻辑上具有较强的合理性。

表8-8　关系质量正交旋转后关系质量因素载荷矩阵

测量题项（变量）　　因子负荷	F1	F2
文化程度（BQ2）	0.706	—
身体素质（BQ3）	0.635	—
个人能力（BQ4）	0.605	—
问题解决（BQ6）	0.688	—
合作知情（BQ7）	0.573	—
合作服务（BQ8）	0.539	—
合作社发展（BQ9）	0.558	—
利益分配（BQ10）	0.589	—
心理感受（BQ11）	0.538	—
收益结果（BQ12）	0.728	—
管理能力（BQ14）	—	0.605
言行处事（BQ15）	—	0.573

续表

测量题项 （变量）	因子 负荷	F1	F2
稳定交易（BQ17）		—	0.533
未来发展（BQ18）		—	0.664
风险预期（BQ20）		—	0.822
累计方差贡献率		61.721	
KMO		0.895	
Bartlett		1310.839	
sig		0.000	

提取方法：主成分分析。

旋转方法：Kaiser 标准化最大方差法。

a. 旋转在 8 次迭代后已收敛。

（2）社员信任深化的效度分析。

社员信任深化量表的结构效度也比较好，由表中数据可以看出其 KMO 样本测度值大于 0.8，同时 Bartlett 半球体检验都小于 0.001，运用主成分分析法进行因素分析后得到的因素结构，舍去低于 0.5 的值，各项指标如表 8-9 所示。从分析结果可以看出社员信任深化量表结果识别与问卷变量分类基本一致，说明社员信任深化量表在理论逻辑上同样具有较强的合理性。

表 8-9　社员信任深化正交旋转后关系质量因素载荷矩阵

测量题项 （变量）	因子 负荷	F1	F2
沟通交心（CQ2）		0.663	—
依赖（CQ3）		0.749	—
认同（CQ4）		0.692	—

续表

测量题项 （变量）	F1	F2
	因子 负荷	
归属感（CQ5）	0.627	—
寻求帮助（CQ6）	0.773	—
合作交流（CQ7）	0.535	—
投入（CQ9）	0.668	—
贡献（CQ10）	0.695	—
合作追随（CQ11）	0.519	—
责任（CQ12）	—	0.835
义务（CQ13）	—	0.750
维护（CQ14）	—	0.681
风险承担（CQ15）	—	0.802
持续追随（CQ16）	—	0.641
累计方差贡献率	60.391	
KMO	0.819	
Bartlett	1030.453	
sig	0.000	

提取方法：主成分分析。

旋转方法：Kaiser 标准化最大方差法。

a. 旋转在 15 次迭代后已收敛。

8.3　结构方程模型的拟合与假设检验

8.3.1　相关性分析

为了研究社长声誉通过关系质量对社员信任深化的影响关系，首先进行相关分析，以确定三者之间是否存在关联性，本书使用 SPSS22.0 统计分析软件，计算变量间的 Spearman 秩相关系数，对数据缺失值采用按对排除的方法进行处理。具体如表 8 - 10 所示。

表 8 - 10　社长声誉、关系质量以及社员信任深化的变量相关分析结果

		关系满意	关系联结	情感承诺	行为承诺	规范承诺
社长能力	相关系数	0.204	0.114	0.180	0.418	0.310
	显著性（双尾）	0.081	0.101	0.086	0.052	0.065
管理业绩	相关系数	0.299	0.121	0.187	0.214	0.236
	显著性（双尾）	0.066	0.058	0.084	0.079	0.076
社会影响	相关系数	0.366	0.204	0.380	0.128	0.175
	显著性（双尾）	0.058	0.081	0.056	0.097	0.087
关系满意	相关系数	—	—	0.710 **	0.564 **	0.574 **
	显著性（双尾）	—	—	0.000	0.000	0.000
关系联结	相关系数	—	—	0.556 **	0.553 **	0.547 **
	显著性（双尾）	—	—	0.000	0.000	0.000

注：** 表示相关性在 0.01 级别显著（双尾）。

从表 8 - 10 可以看出，社长声誉的三个维度和关系质量的两个维度以及社员信任深化的三个维度之间均存在相关性；关系质量的两个维度与社员信任深化的三个维度也存在相关性。可见，社长声誉、关系质量与社员信任深化之间存在着关联性，可以进一步运用结构方程模型进行因果分析。

8.3.2　模型评价与修正说明

众多学者通过研究指出，一个模型的测量部分要想被识别出来，需要满足以下两个条件：一是若因子间存在相关关系，则每个因子至少有两个测量指标；二是若因子间无相关关系，则要求每个因子至少有三个测量指标。本书的潜变量测量指标最少为三个，均满足要求，因此，模型的测量部分可以识别。另外根据 t - 法则对模型能否被识别继续检验，根据公式 $t \leqslant (p+q)(p+q+1)/2$ 进行判断。本书试图建立"社长声誉—关系质量—社员信任深化""社长声誉—关系质量"以及"关系质量—社员信任深化"三个模型，来具体探究社长声誉对社员

信任深化的作用路径。其中，"社长声誉—关系质量—社员信任深化"模型的外源潜变量的指标个数是 3，内生潜变量的指标个数是 5，模型的待估参数 t 最多时为 12；"社长声誉—关系质量"模型的外源潜变量的指标个数是 17，内生潜变量的指标个数是 15，模型的待估参数 t 最多时为 38；"关系质量—社员信任深化"模型的外源潜变量的指标个数是 15，内生潜变量的指标个数是 14，待估参数 t 最多时为 35；均满足上述公式，故本书的模型是可以识别的。

随后，还需要对结构方程模型进行拟合，并根据拟合结果对模型进行评价和修正，以此确定最终的社长声誉对社员信任深化的影响模型。本书借鉴侯杰泰（2004）整理的对模型的三种评价方法，选取整体模型拟合度和参数的显著性检验对模型进行评价和修正。

8.3.3 模型的拟合与修正

社员通过对社长声誉的期望感知与现实对比形成对社长信任深化的过程，本书以心理契约的形成与履行过程来进行研究解释。为充分说明社长声誉、关系质量与社员信任深化间的影响机理关系，本书将首先对三者的影响概念模型进行验证，再分别探究社长声誉对关系质量的具体作用以及关系质量对社员信任深化的影响机理。

（1）"社长声誉—关系质量—社员信任深化"模型的拟合与修正。

前文构建了"社长声誉—关系质量—社员信任深化"结构方程模型，将调研数据带入该模型，利用 AMOS22.0 进行路径分析，得到结果如图 8 - 6 和表 8 - 11 所示，拟合优度指标数值和拟合优度判断情况如表 8 - 12 所示。

表 8 - 11 "社长声誉—关系质量—社员信任深化"预设模型因果路径系数及检验

路径	标准化路径系数	标准误差	C. R.	P
关系质量←社长声誉	0. 882	0. 214	3. 457	***
社员信任深化←社长声誉	0. 581	0. 173	2. 691	***
社员信任深化←关系质量	0. 729	0. 129	1. 147	***

从 AMOS 输出结果来看，无论外源变量还是内生变量，因子负荷系数都在 0. 5 以上，达到 0. 001 的显著水平，且观测变量间的协方差显著性检验均达到

0.05 显著性水平并且方差没有出现负值、相关系数绝对值没有大于 1，可见，模型所得到的参数具备合理的可解释性含义，模型符合基本拟合标准。

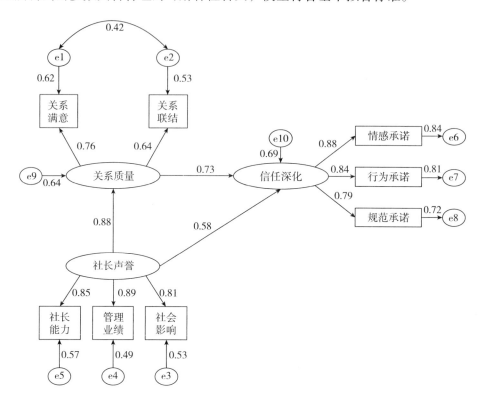

图 8－6 "社长声誉—关系质量—社员信任深化"模型 AMOS 路径分析

表 8－12 "社长声誉—关系质量—社员信任深化"预设模型拟合优度检验

拟合优度指标	χ^2/df	PNFI	PCFI	CFI	NFI	IFI	GFI	RMSEA
模型结果	3.320	0.748	0.786	0.881	0.839	0.882	0.809	0.090
理想标准	<5	>0.5	>0.5	>0.8	>0.8	>0.8	>0.8	<0.1
是否符合标准	是	是	是	是	是	是	是	是

从模型的拟合优度来看，其各项拟合优度指标均符合标准，模型整体拟合良好。

（2）"社长声誉—关系质量"模型的拟合与修正。

将调研数据带入"社长声誉—关系质量"模型，利用 AMOS22.0 进行路径分析，得到结果如图 8 - 7 和表 8 - 13 所示，拟合优度指标数值和拟合优度判断情况如表 8 - 14 所示。

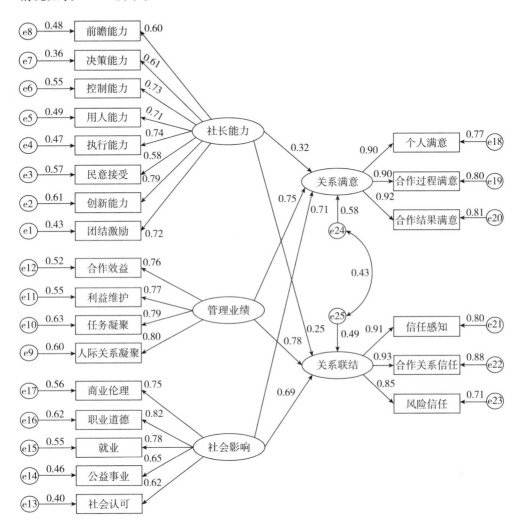

图 8 - 7 "社长声誉—关系质量"模型 AMOS 路径分析

表 8 - 13 "社长声誉—关系质量"预设模型因果路径系数及检验

路径	标准化路径系数	标准误差	C. R.	P
关系满意←社长能力	0.321	0.149	4.293	***
关系联结←社长能力	0.252	0.153	4.745	***
关系满意←管理业绩	0.753	0.211	6.162	***

续表

路径	标准化路径系数	标准误差	C. R.	P
关系联结←管理业绩	0.778	0.176	7.485	***
关系满意←社会影响	0.711	0.134	5.753	***
关系联结←社会影响	0.689	0.191	6.671	***

从 AMOS 输出结果来看,除社长能力→关系满意、社长能力→关系联结两条路径因果效应系数稍微较低外,其他路径因子负荷系数都在 0.5 以上,达到 0.001 的显著水平,且观测变量间的协方差显著性检验均达到 0.05 显著性水平并且方差没有出现负值、相关系数绝对值没有大于 1,可见,模型所得到的参数具备合理的可解释性含义,模型符合基本拟合标准。

表 8 – 14 "社长声誉—关系质量"预设模型拟合优度检验

拟合优度指标	χ^2/df	PNFI	PCFI	CFI	NFI	IFI	GFI	RMSEA
模型结果	4.101	0.551	0.587	0.889	0.846	0.893	0.852	0.087
理想标准	<5	>0.5	>0.5	>0.8	>0.8	>0.8	>0.8	<0.1
是否符合标准	是	是	是	是	是	是	是	是

从模型的拟合优度来看,其各项拟合优度指标均符合标准,模型整体拟合良好。

(3)"关系质量—社员信任深化"模型的拟合与修正。

将调研数据带入"关系质量—社员信任深化"模型,利用 AMOS22.0 进行路径分析,得到结果如图 8 – 8 和表 8 – 15 所示,拟合优度指标数值和拟合优度判断情况如表 8 – 16 所示。

表 8 – 15 "关系质量—社员信任深化"预设模型因果路径系数及检验

路径	标准化路径系数	标准误差	C. R.	P
情感承诺←关系满意	0.906	0.149	8.437	***
行为承诺←关系满意	0.827	0.153	6.156	***
规范承诺←关系满意	0.125	0.211	0.162	0.654

续表

路径	标准化路径系数	标准误差	C. R.	P
情感承诺←关系联结	0.892	0.176	7.635	***
行为承诺←关系联结	0.886	0.134	8.021	***
规范承诺←关系联结	0.851	0.191	6.927	***

表 8 – 16　"关系质量—社员信任深化"预设模型拟合优度检验

拟合优度指标	χ^2/df	PNFI	PCFI	CFI	NFI	IFI	GFI	RMSEA
模型结果	4.356	0.544	0.561	0.821	0.898	0.828	0.814	0.082
理想标准	<5	>0.5	>0.5	>0.8	>0.8	>0.8	>0.8	<0.1
是否符合标准	是	是	是	是	是	是	是	是

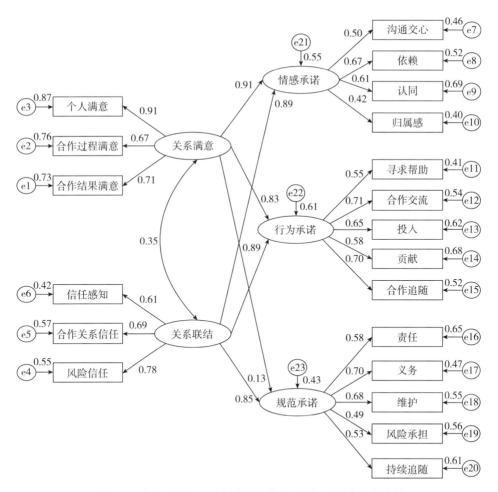

图 8 – 8　"关系质量—社员信任深化"模型 AMOS 分析路径

从 AMOS 输出结果来看，无论外源变量还是内生变量，因子负荷系数都在 0.5 以上，达到 0.001 的显著水平，且观测变量间的协方差显著性检验均达到 0.05 显著性水平并且方差没有出现负值、相关系数绝对值没有大于 1，可见，模型所得到的参数具备合理的可解释性含义，模型符合基本拟合标准。从表 8 - 16 可以看出，关系满意→规范承诺的路径系数未通过显著性检验，因此，需要对模型进行修正。

针对上述未通过显著性检验的路径对其进行修正，需要删除路径重新检验模型。在删除路径前，要先从现实意义进行考虑，以便寻找支持路径删除的理由。关系满意→规范承诺表示社员对社长声誉的满意对于社员规范承诺的建立具有正向影响作用，而这条路径未通过，则认为社员对社长声誉的满意对于社员规范性承诺的建立没有影响。在现实情况中，规范的形成本来就不取决于个体的满意这种主观情绪，而是取决于实际客观条件。在合作社的实际情况中，社员对社长的规范性承诺是在长期合作过程中形成的责任与义务，而对社长的满意与否则可以是暂时的，因此，暂时的不满可能无法影响长期的规范承诺，可见理论上支持删除该路径。修正后得到结果如图 8 - 9 和表 8 - 17 所示，拟合优度指标数和拟合优度判断情况如表 8 - 18 所示。

表 8 - 17 "关系质量—社员信任深化"修正模型因果路径系数及检验

路径	标准化路径系数	标准误差	C. R.	P
情感承诺←关系满意	0.832	0.136	8.213	***
行为承诺←关系满意	0.754	0.151	6.548	***
情感承诺←关系联结	0.861	0.165	7.574	***
行为承诺←关系联结	0.803	0.178	8.371	***
规范承诺←关系联结	0.693	0.143	6.558	***

表 8 - 18 "关系质量—社员信任深化"修正模型的拟合优度检验

拟合优度指标	χ^2/df	PNFI	PCFI	CFI	NFI	IFI	GFI	RMSEA
模型结果	3.977	0.553	0.624	0.872	0.844	0.867	0.894	0.091
理想标准	<5	>0.5	>0.5	>0.8	>0.8	>0.8	>0.8	<0.08
是否符合标准	是	是	是	是	是	是	是	是

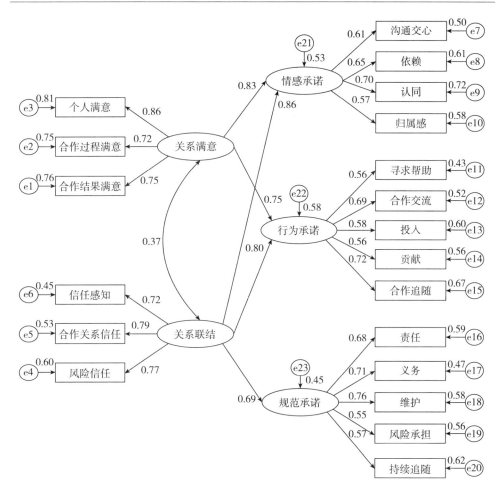

图 8 - 9　"关系质量—社员信任深化"模型修正的 AMOS 分析路径

当删除关系满意→规范承诺路径后，修正模型的拟合指标均达到了设定的标准，模型拟合良好，此时的模型达到了理想标准。

8.3.4　假设检验与结果

根据最终修正模型的因果路径系数，前文所提出的假设得到验证，验证情况如表 8 - 19 所示。

表 8 - 19 假设检验结果

假设	检验情况
"社长声誉—关系质量—社员信任深化"模型	
H1：社长声誉对关系质量有正向的影响作用	支持
H2：关系质量对社员信任深化有正向的影响作用	支持
H3：社长声誉对社员信任深化有正向的影响作用	支持
H4：关系满意与关系联结有相互正向的影响作用	支持
"社长声誉—关系质量"模型	
H11：社长能力对关系满意有正向的影响作用	支持
H12：社长能力对关系联结有正向的影响作用	支持
H13：管理业绩对关系满意有正向的影响作用	支持
H14：管理业绩对关系联结有正向的影响作用	支持
H15：社会影响对关系满意有正向的影响作用	支持
H16：社会影响对关系联结有正向的影响作用	支持
"关系质量—社员信任深化"模型	
H21：关系满意对情感承诺有正向的影响作用	支持
H22：关系满意对行为承诺有正向的影响作用	支持
H23：关系满意对规范承诺有正向的影响作用	不支持
H24：关系联结对情感承诺有正向的影响作用	支持
H25：关系联结对行为承诺有正向的影响作用	支持
H26：关系联结对规范承诺有正向的影响作用	支持

8.4 数据分析

8.4.1 "社长声誉—关系质量—社员信任深化"模型影响路径

根据假设检验结果发现，社长声誉对社员与社长间的关系质量产生正向影响，其因果效应系数为 0.88；同时，关系质量正向促进社员对社长的信任深化，其因果效应系数为 0.73；此外，社长声誉还会直接正向影响社员信任深化，其因果效应系数为0.58。可见社长声誉在对社员信任深化产生影响时,可通过关系质量这个中介变量产生间接正向影响,也可直接作用于社员信任深化,但相较而言,通过关系质量的间接影响比直接影响更为显著。

在社长声誉通过关系质量影响社员信任深化的过程中,关系质量中的满意与信任之间会相互正向促进,两者间的系数为0.42。可见社员对社长的满意与信任可以相互间进行影响和转化。

8.4.2 "社长声誉—关系质量"模型影响路径

(1)社长声誉对关系满意的影响。

根据假设检验结果发现,社长声誉中的社长能力、管理业绩和社会影响均对关系满意有正向影响作用,因果效应系数分别为0.32、0.75和0.71,其中,社长管理业绩与社长产生的社会影响对关系满意具有较为显著的正向作用,而社长能力对关系满意的促进作用较弱。可见目前社长对合作社的管理绩效情况以及个人社会影响都比较令社员满意,但其个人综合能力还有所欠缺。

(2)社长声誉对关系联结的影响。

根据假设检验结果发现,社长声誉中的社长能力、管理业绩和社会影响均对关系联结有正向影响作用,因果效应系数分别为0.25、0.78和0.69,其中,社长管理业绩对关系联结的正向促进作用最为明显,社长产生的社会影响对关系联结也具有较为显著的正向作用,而社长能力对关系联结的正向影响较弱。可见社员对社长的信任最主要来源于社长在合作社中的管理绩效,即对社员利益的创造、提升与维护;其次是社长产生社会影响,即社长优秀的个人品质与良好的为人处世方式以及一些普惠性的社会贡献,这些会在社员心中留下良好的印象,是抛开利益获取信任最直接的方式;社长能力对关系满意的弱正向作用,也说明了社长能力确实有所欠缺。

8.4.3 "关系质量—社员信任深化"模型影响路径

(1)关系质量对情感承诺的影响。

根据假设检验结果发现,关系满意和关系联结均对社员的情感承诺有正向影响作用,因果效应系数分别为0.83和0.86,可见关系满意与关系联结均对社员情感承诺产生正向影响，并且关系联结相较于关系满意而言，更能促进社员对社长情感承诺的产生。

（2）关系质量对行为承诺的影响。

根据假设检验结果发现，关系满意和关系联结均对社员的行为承诺有显著的正向影响，因果效应系数分别为 0.75 和 0.80，可见关系满意与关系联结均会正向促进社员情感承诺的产生，并且关系联结相较于关系满意，对社员的行为承诺具有更强的影响作用。

（3）关系质量对规范承诺的影响。

根据假设检验结果发现，关系满意→规范承诺路径没有通过检验，可见关系满意对社员的规范承诺没有影响；同时发现关系联结对社员规范承诺有正向促进作用，其因果效应系数为 0.69。因此，社员对社长规范承诺的产生并不依赖于其对社长的满意程度，而是通过对社长的长期信任形成的一种潜在责任感与义务感。

8.5 本章小结

根据数据分析，通过对研究结果进行剖析，本书基于心理契约的视角对社长声誉影响社员信任深化的影响机理进行了总结。

本书认为，农民专业合作社社长声誉对社员信任深化的影响机理主要遵循以下过程：在心理契约形成前期，社员会对社长在个人能力、管理业绩以及社会影响三方面抱有一定的期望；当通过社长声誉感知到这三方面的具体情况并与内心期望进行对比后，社员认为对于社长声誉的期望与感知较为一致，由此对社长感到满意并形成信任，对此，社员与社长之间产生较为牢固的关系质量，此时社员对社长的心理契约形成；在长期合作过程中，社员对社长的满意与信任相互促进，使社员形成对社长的信任深化，心理契约得到履行。

在社长声誉对社员信任深化影响机理具体过程中，社长声誉可通过关系质量这个中介变量对社员信任深化间接产生正向影响，也可直接正向作用于社员信任深化，但相较而言，通过关系质量的间接影响比直接影响社员信任深化更为明显；在社长声誉通过关系质量影响社员信任深化的过程中，社员对社长的满意与信任可以相互间进行影响和转化；社长的管理业绩对关系质量的正向影响最为明显；而社长能力对关系质量的影响最弱，可见社长综合能力还有所欠缺；关系质量对社员信任深化的影响中，相较于关系满意，关系联结对社员情感承诺、行为承诺以及规范性承诺的正向影响更为明显，更能促进社员信任深化的产生。

（1）社长声誉通过关系质量对社员信任深化产生的间接正向影响比直接影响社员信任深化更为明显。

社长声誉对社员与社长间的关系质量有显著的促进作用，其因果效应系数达到0.88；关系质量对社员信任深化的正向影响也较为显著，其因果效应系数为0.73；而社长声誉对社员信任深化的直接正向影响系数仅为0.58。这主要是由于通过社长声誉的表现来获取社员的满意与信任，使社员与社长间产生良好的关系质量，对社员来说建立了对社长的牢固的心理契约，通过对心理契约的履行形成的对社长的信任深化，相较于通过直接感知社长声誉产生对社长的信任深化而言，心理与行为过程更多，每个环节环环相扣，表现得更为牢固可靠。

在心理契约形成的前期，社员对社长声誉的具有一定的心理期望，并通过社长能力、社长的管理业绩以及社长产生的社会影响来感知社长声誉的好坏，从数据处理结果来看，社长能力、社长的管理绩效和社会影响对社长声誉的回归系数分别为0.85、0.89和0.81，对社员与社长间的关系质量均做出了很大贡献，说明当社长声誉的三个方面——社长能力、社长的管理业绩、社长的社会影响的实际表现均与社员的心理期望一致性越高，社员会对社长声誉越感到满意并产生信任。当社员与社长间建立起良好的关系质量，社员对社长形成牢固的心理契约。社长声誉的实际表现与社员心理期望长期维持高度一致，牢固的关系质量使社员在与社长合作的过程中情感上对社长产生认同与依赖，行为上遵照社长的安排，并把维护社长声誉与追随社长当作一种责任与义务，从而形成对社长的信任深化。社长声誉对社员信任深化的直接影响则缺少中间环节，正向促进作用没有加入中介变量明显。

（2）关系满意与关系联结具有相互正向促进作用。

在社长声誉通过关系质量影响社员信任深化的过程中，社员对社长的满意与信任可以相互间进行影响和转化。社长声誉的三个方面，即社长能力、管理业绩和社会影响分别对关系满意与关系联结的影响规律都极为相似。从社长声誉对关系满意的影响来看，社长能力、管理业绩和产生的社会影响分别与关系满意的因果效应系数为 0.32、0.75 和 0.71；从合作社社长声誉对关系联结的影响来看，社长能力、管理业绩和社会影响对关系联结的因果效应系数分别为 0.25、0.78 和 0.69。两者比较而言，社长能力对关系满意与关系联结的正向影响均较弱，管理业绩对关系满意与关系联结的正向作用均最为显著，而社会影响居中。可见社长声誉对关系满意与关系联结的影响幅度较为一致，只是影响程度略有不同，因此，关系满意与关系联结之间具有一定的相似性，随着社长声誉影响程度的加深与减弱，可以进行相互之间的转化。

在心理契约建立的过程中，当社员对社长声誉的期望与实际感知一致性较高时，社员会对社长感到满意，包括对社长个人能力品质的满意，合作过程的满意以及对合作结果感到满意。对社长个人能力与品质的满意使社员感知到社长的为人是值得信任的，并且有能力促进合作社的发展；合作过程的满意使社员愿意长期在合作社中与社长共同奋斗，并形成稳固的合作关系；合作结果的满意使社员在利益上愿意相信社长并与其承担风险。同时，社员对社长的信任能有效地激励社长的奋斗动力，使社长更加致力于合作社的发展与成员的利益维护，这样的良性循环使社员更加满意。

（3）社长的管理业绩对建立社员与社长间的良好关系质量具有最显著的促进作用。

社员加入合作社并追随社长的最直接的目的是利益，而社长在管理业绩方面恰好注重提升合作效益、维护社员利益、团结内部成员、共同发展前进，这些行为对管理业绩的回归系数均在 0.75 及以上，这很好地达成了社员的期望目标，使社员对与社长合作的结果感到满意。社长良好的管理业绩展现了社长对社员的团结带动与利益维护，使社员与社长间的合作更加愉快稳固，加深了社员对合作关系的信任。

（4）社长能力有所欠缺，对关系质量的正向影响较弱。

通过前文的结果讨论可知，社长能力对关系满意与关系联结均有正向影响作用，但影响效果并不明显，其因果效应系数分别为 0.32 和 0.25。可见目前社长能力还并不太令社员感到满意，使社员对社长产生信任的作用也有限。这主要是由于社员对社长心理契约形成的过程中，社长能力的实际表现与社员的内心期望有所偏差，特别是在前瞻能力、决策能力和民意接受方面，三者对社长能力的回归系数分别为 0.60、0.61 和 0.58。个别能力的不理想表现使得社长的综合能力较弱，以致社员对社长个人能力的满意程度较低。目前，农村新型经营主体异军突起，在市场经济结构性改革的时代背景下，合作社正处于发展变革的关键时期，社长在发展合作社的过程中只有具备极其敏锐的市场洞察力与把握机会的决断能力，才能顺应时代发展的步伐。而农村务实的发展理念与社长自身的素质局限，使得社长在前瞻能力、决策能力以及民意接受方面的较弱表现，社员对此的实际感知与心理期望有所差距，对社长能力程度的有限肯定使其较难对社长产生强烈的信任感。

（5）相较于关系满意，关系联结对社员信任深化的正向影响更为显著。

在关系质量对社员信任深化的影响中，关系联结对社员的情感承诺、行为承诺以及规范承诺均比关系满意对以上三者的正向影响更为明显，因此，关系联结更能促进社员信任深化的产生。从数据对比来看，关系联结对社员的情感承诺、行为承诺和规范承诺的因果效应系数分别为 0.86、0.80 和 0.69；而关系满意对社员的情感承诺和行为承诺的因果效应系数分别为 0.83 和 0.75，并且关系满意对社员的规范承诺没有影响。因此，相较于关系满意，关系联结对社员信任深化的正向影响更为显著表现在两方面：①关系联结对社员情感承诺、行为承诺的影响系数均高于关系满意。②关系联结会对社员的规范承诺产生显著的正向影响，而关系满意对社员规范承诺没有影响。

社员对社长的满意表现在对社长个人品质、与社长合作的过程以及合作结果的满意。社长良好的身体文化素质及诚实守信、遵纪守法、公正无私个人品质使社员在情感上对社长表示认同，愿意将自己内心的想法与社长沟通倾诉；及时解决问题与全心全意为社员服务让社员在持续的合作中形成对社长的情感依赖；全力提升合作社效益，维护社员利益使社员对合作的结果感到满意，并觉得与社长一起共事才有归属感。据此，社员对社长在情感上的心理契约得到履行，形成对社长的情感承诺。社员对社长的情感承诺形成后，会随着合作的继续、满意的持续继续表现在行为上。社员对社长个人的满意使其在行为上愿意与社长进行合作交流，在遇到问题时向社长寻求帮助；对合作过程的满意使社员愿意更多地为社长奉献自己的劳动，努力做出贡献；合作结果的满意是社员愿意追随社长进行持续合作的利益保障，并促使社员愿意进一步对合作社进行投入，从而表现为对社长的行为承诺。

对社长的信任表现在通过对社长个人的认同产生信任感知，在长期合作过程的满意下形成的关系联结以及风险承担。社员通过对社长声誉（个人能力品质、管理效益及个人影响等方面）的感知形成对社长的信任，社员认同社长的品质与能力，信任社长并对其产生情感依赖。随着合作的维持，社员相信与社长间的合作关系是稳固并且公平的，在行为上愿意更多地投入与奉献。当在情感与行为上形成对社长的长期忠诚，这种持续的信任让社员觉得继续履行对社长的心理契约已成为一种责任与义务，从而形成对社长的规范承诺。

但相比于关系满意，社员对社长的信任更具有长期性，社员可能因为社长在某些时刻的某些行为与自己的心理期望有悖而对社长不满，但暂时性单一性的不满并不影响社员在长期合作中对社长产生的信任。而社员对社长的规范承诺来自于长期合作中形成的对社长的责任与义务，这是社员对社长的情感性忠诚衍生出的心理习惯与责任束缚，因此，即使社员对社长在某一时期或者某些方面并不满意，但由于长期的情感承诺在自身形成的责任感与使命感，会以无形的心理压力驱使他们仍然愿意维护社长的声誉，并持续追随社长与其共同承担风险。因此，关系联结的长期性决定了社员规范性承诺的产生，而关系满意只能通过向关系联结转化才行。

第9章 研究总结与政策启示

9.1 研究总结

在信任建立的初期，社员基于对社长和合作社环境不确定性的考虑，对于是否信任社长存在心理上的疑惑和不安，此时社长的业绩作为社长历史行为的结果是最易于被社员所接收的信号，快速产生合作的倾向和意愿。在信任的维持阶段主要依靠合作作为中间变量进行联系，社长的业绩和产生的社会影响不断满足社员感性和理性的双向需求，在重复的合作过程中加强了与社长之间的合作关系，从而强化了对社长的信任。在这样的一个不断"产生—强化"的过程中，社长与社员之间的信任不断升华提高，最终在社长产生的社会影响的不断刺激下产生了情感认同，强化、加长了情感链条，促进了信任的稳定，保证了合作的持久有效。

9.1.1 社长声誉通过社员感知到的社长能力、管理业绩和社会影响正向促进内部信任的产生

在信任建立的初期，社员所能感知到的最直接的便是社长的业绩，合作社内部良好氛围的营造对于前期信任的产生十分重要，与此同时，社长在日常工作中树立的伦理道德楷模形象在农村社会中具有广泛而深入的影响，对于初期信任的

建立也是十分重要的，两者是传递信任产生的最直接的信号，弱化了社员的不安和怀疑心理因素，产生对社长信任的倾向，促进内部信任的发生。

9.1.2 社长声誉通过在合作过程中产生的管理业绩和社会影响正向促进合作的维持

在信任的维持期，主要依靠合作关系的维持来加深和维持社长与社员之间的信任关系。社长和社员之间的合作关系对于合作社的发展是至关重要的，如果没有合作作为联系合作社和社员之间的桥梁，合作社仅是一个空壳。社长在合作维持过程中伦理道德楷模形象的树立具有重要的作用，是加深内部信任维持，保持高水平合作的重要因素。

9.1.3 社长声誉通过在不断交往中认可的管理业绩和社会影响正向促进社员对社长的情感认同

在信任的稳定期，此时信任更多的是需要情感的维系。正如情感是维系交往的基础一样，合作社的可持续发展也需要情感的经营来保证其生命力和持久力。合作时间的长久主要与社员的满意和忠诚等因素密切相关，而社长给社员带来的直接利益、个人形象的感染均能够增进社员的感情因素，利于形成社员对社长的情感认同，并通过情感来维系合作社的发展。

9.2 政策启示

9.2.1 提升社长个人综合能力与业绩，加强社员的合作意愿

根据前文的研究结果讨论发现，社长个人综合能力较为欠缺，直接影响了合作的维持和社员的情感认同，对于信任感知的促进作用也较小，这样会弱化合作社对于社员的吸引力，不利于规模的扩大。社长是合作社的领军人物，承担了领袖、关系协调、革新和动员激励的多种角色，这些角色的扮演既有社长严格执行

任务的刚性一面，又有社长像家长一样爱护社员的柔性一面，需要社长重视并提升自己的激励和关系协调角色，给予社员关怀和安慰，同时，努力为合作社和社员谋福利、提升自身业绩，通过合作社经营效果的提升增加社员合作的意愿和信心，为合作社规模的扩大和发展打下基础。

9.2.2 重视管理业绩表现和形象打造，加深合作关系

社长的管理业绩和产生的社会影响对于合作的维持具有积极的促进作用。由于合作社作为一种社会经济组织，上到政府部门、下到内部成员以及处于交易关系的客户和供应商与合作社都有着千丝万缕的联系，合作社的发展深受其利益相关者的影响。而业绩和社会影响是社长个人魅力的集中表现，社长的业绩会给内部社员等带来直接的收益和好处，社长产生的社会影响通过传播会为政府、合作商等带来间接的外部效益，这些都有助于树立社长良好的可信形象，直接增加社员合作的信任和对社长工作的配合度，增强了合作社内部的凝聚力和合力。

9.2.3 及时转变社长角色，顺应合作社的发展推进

本书对信任建立的动态过程进行了分析，在信任建立初期，即信任的产生阶段，社长利益代言人和团队凝聚者角色的扮演对于信任感知的产生作用显著；在信任的维持也即合作的维持期，社长伦理道德楷模和团队凝聚者形象能够进一步加强合作关系；在信任的稳定阶段，社长产生的伦理道德楷模、社会贡献者等角色有助于加强社员对社长的情感的认同、升华合作。信任建立的动态过程即是合作从建立到深化的过程，代表着合作社的发展和演化，因此，在合作社发展的不同阶段，社长需要转变自己的角色，不同阶段发挥不同的角色和作用，从而保证合作社的稳步发展。

9.2.4 合理选择社长领导风格，建立深厚的情感链条

社长的领导风格决定了合作社的发展方向，不同的领导风格将会给合作社带来不同的发展结果。社长在合作社的发展过程中扮演着领袖、关系协调、伦理道德楷模等多重角色，但是对于社长的领导风格却是风格迥异，每个社长都有自己的特点。由于合作社根植于人情味浓重的农村社会，这样的现实决定了人际关系

在合作社运作中的特殊地位，仅靠制度和权威的约束效果是不佳的。社长需要通过立威、施恩和树德的方式加强成员间的情感联系，特别是社长的施恩和树德行为在农村社会中是极其有效的，能够获取社员的忠诚和满意度，对社员的本职工作绩效产生积极的影响，换来社员更佳的表现，甚至愿意承担角色外工作，带来合作社的高效协调运作，因此，社长在日常工作中可以接受家长式领导思想，恩威并施，获得广大社员的支持，保证工作的顺利开展。

9.2.5 做好传承与发展，延续合作社生命力

合作社面临着老一代社长的退休和新一代社长接班的问题，在这样的交替过程中，合作社面临着极大的不确定性。由于老一代社长经过长期的打拼，积累了大量的人力资源，获得社员的拥护和支持，当新一代社长进入到合作社组织时，先入为主的思想难免会影响大家的认知情况，在这样的一个波动转折期，新一代社长快速接班和适应对合作社的发展尤为重要。声誉具有交易效应和磁吸效应，老一辈树立的良好声誉不仅意味着在资金、技术、服务等方面的良好优势，还说明这样的合作社更加值得信任，为新一代接班人后期工作打好了前期基础，当新一代社长参与到合作社事务中时，积累的资源才能被更好地继续使用。当然，新一代社长也需要加强自身的声誉管理，通过学习、培训等途径提升自身素质，具备正确的商业伦理和职业道德，加强同社员以及利益相关者的交往，努力提升合作社绩效，维护社员利益，以便快速建立新一轮的信任，延续合作社生命力。

9.3 研究局限及后续研究建议

本书主要通过构建社长声誉与社员信任的关系路径，即从信任建立到信任深化，但社长声誉作为一种态度结构，本身度量是十分困难的，本书虽然引入"工作角色"作为中间变量，探寻社长与社长声誉之间隐含的"动机—角色（行为）—表现"的内在关系，用更直观、更便于观测的方式增强社长声誉的可识别度和可管理度，但难免存在一定的主观性和片面性。同时，成员间信任关系的

建立是一个动态过程，对于成员间信任关系的评价和度量会随着时间维度和社会特征的变化而变化，尽管本书根据信任建立的过程对其进行了划分，但随着时间的推移、时代的变化，内部信任还将被赋予更多内涵，具备更丰富的含义，本书关于内部信任建立的研究也仅是基于当前时代特点的考量。

因此，在后续研究中，一方面，要进一步加强对社长声誉量化的深入研究和持续研究，拓展对声誉评价指标体系的内涵和外延，增强对声誉的科学量化；另一方面，动态研究内部信任建立的内涵和特点，在不同时期的时代背景下，充分认识信任建立的本质，构建符合时代特点、具有现实指导意义的信任建立评价指标体系。

参考文献

［1］阿伦森．社会心理学［M］．北京：中国轻工业出版社，2007．

［2］安彩英．促进新生代农民工就业的途径分析——基于社会资本理论视角［J］．农业经济，2013（01）：69－70．

［3］边慎，蔡志杰．期望效用理论与前景理论的一致性［J］．经济学（季刊），2005（04）：265－276．

［4］伯勒，米斯．现代公司与私有财产［M］．北京：商务印书馆，2005．

［5］蔡建群．管理者—员工心理契约对员工行为影响机理研究［D］．上海：复旦大学，2008．

［6］蔡荣，刘婷．合作社内源性资本供给的成员合作意愿及影响因素——以鲁陕2省320户果农社员为例［J］．财贸研究，2019，30（01）：74－86．

［7］蔡文著，叶善青．农产品营销中农户—龙头企业心理契约结构维度分析——基于江西省农户的调研［J］．江西财经大学学报，2012（03）：59－66．

［8］蔡秀，肖诗顺．基于社会资本的农户借贷行为研究［J］．农村经济与科技，2009，20（07）：84－85．

［9］柴玉梅，王黎明．一个信任和声誉模型及其应用［J］．计算机工程与应用，2006（01）：205－207．

［10］陈畅．利益相关者参与公司治理的路径分析［D］．西安：西安建筑科技大学，2005．

［11］陈辞．社会资本视角下的反贫困瞄准机制研究［J］．理论月刊，2011（09）：65－67．

［12］陈芳．社会资本、融资心理与农户借贷行为——基于行为经济学视角的逻辑分析与实证检验［J］．南方金融，2018（04）：51 – 63．

［13］陈斐，邓玉林，达庆利．基于展望理论的知识型员工激励机制［J］．东南大学学报，2012（42）：1016 – 1020．

［14］陈加洲，凌文辁，方俐洛．员工心理契约结构维度的探索与验证［J］．科学学与科学技术管理，2004（03）：94 – 97．

［15］陈昆玉．论利益相关者公司治理模式［J］．现代经济探讨，2002（01）：66 – 67．

［16］陈明亮，汪贵浦，邓生宇，等．初始网络信任和持续网络信任形成与作用机制比较［J］．科研管理，2008（05）：187 – 195．

［17］陈威，李改萍．基于利益相关者理论的现代财务管理目标研究［J］．重庆理工大学学报（社会科学版），2014，28（04）：52 – 55．

［18］陈玮．论利益相关者利益最大化财务目标——基于利益相关者理论及系统科学的视角［J］．会计研究，2006（04）：63 – 67．

［19］陈忠卫，魏丽红，王晶晶．高管团队心理契约与组织绩效关系的实证研究——基于企业相对规模的比较［J］．山西财经大学学报，2009，31（02）：69 – 75．

［20］成祖松．出版企业利益相关者共同治理研究［J］．出版发行研究，2013（05）：20 – 23．

［21］程兆谦．购并整合中的心理契约重构［J］．当代财经，2001（01）：75 – 78．

［22］褚宏睿，冉伦，张冉，等．基于前景理论的报童问题：考虑回购和缺货惩罚［J］．管理科学学报，2015，18（12）：47 – 57．

［23］崔宝玉．农民专业合作社：社会资本的动用机制与效应价值［J］．中国农业大学学报（社会科学版），2015（04）：103 – 111．

［24］崔彩贤，边丽瑾，赵晓峰．农民合作社信用合作满意度实证研究——基于内部社会资本分析视角［J］．西北农林科技大学学报（社会科学版），2020，20（01）：42 – 51．

［25］董创春．基于心理契约的员工忠诚度培养与提升研究［D］．天津：

天津商业大学，2007.

［26］段从清，杨国锐．从科层制到扁平化——再论企业组织变革下心理契约的重建［J］．中南财经政法大学学报，2005（06）：66－74.

［27］樊媛媛．心理契约、顾客满意与顾客忠诚的关系研究［D］．成都：西南财经大学，2014.

［28］樊耘，纪晓鹏，邹艺．中层管理者多重角色行为对企业绩效影响的实证研究［J］．管理工程学报，2012，26（02）：1－11.

［29］樊治平，刘洋，沈荣鉴．基于前景理论的突发事件应急响应的风险决策方法［J］．系统工程理论与实践，2012，32（05）：977－984.

［30］范丹，洪琳，李文川．新生代农民工心理契约结构维度实证研究［J］．软科学，2011，25（11）：120－123＋127.

［31］范丹．心理契约理论研究、应用及测评方法述评［J］．科技管理研究，2009（09）：291－293.

［32］范秀成，杜建刚．服务质量五维度对服务满意及服务忠诚的影响——基于转型期间中国服务业的一项实证研究［J］．管理世界，2006（06）：111－118.

［33］范艺潇．C2C模式中声誉与口碑对信任和购买意向影响的实证研究［D］．哈尔滨：哈尔滨工业大学，2009.

［34］方海永．知识型员工心理契约对团队绩效的影响研究［D］．济南：山东财经大学，2012.

［35］付俊文，赵红．利益相关者理论综述［J］．首都经济贸易大学学报，2006（02）：16－21.

［36］高福霞，李婷，李志．我国企业员工忠诚度研究述评［J］．经济师，2006（01）：192－193.

［37］高名姿，陈东平，周明栋．农民合作社：发展农村合作金融的有效平台——基于社会资本理论的解读［J］．安徽农业科学，2016（44）：198.

［38］高明娜，尹贻林，闻柠永．基于信任维持的工程总承包人选择策略建议研究［J］．价值工程，2019，38（26）：9－13.

［39］高山，王深哲，李海峰，等．基于前景理论的电网规划方案综合决策

方法［J］. 电网技术, 2014 (08): 2029 - 2036.

［40］高维和, 陈信康, 江晓东. 声誉、心理契约与企业间关系: 基于在华外资企业采购视角的研究［J］. 管理世界, 2009 (08): 102 - 112.

［41］戈锦文, 范明, 肖璐. 社会资本对农民合作社创新绩效的作用机理研究——吸收能力作为中介变量［J］. 农业技术经济, 2016, 249 (01): 120 - 129.

［42］龚承柱, 李兰兰, 卫振锋, 等. 基于前景理论和隶属度的混合型多属性决策方法［J］. 中国管理科学, 2014, 22 (10): 122 - 128.

［43］龚光明, 单虹. 企业资源聚集视角下的利益相关者财务控制权配置［J］. 财经论丛, 2012 (03): 80 - 85.

［44］龚继红, 钟涨宝. 制度效率、职业满意度与职业忠诚关系的实证分析——基于湖北省 10 县 (市、区) 基层农技人员的调查［J］. 中国农村观察, 2014 (04): 71 - 83.

［45］龚丽蓉. 基于利益相关者的企业三棱镜绩效评价系［D］. 哈尔滨: 哈尔滨理工大学, 2010.

［46］龚杨达. 基于顾客感知的企业声誉对顾客忠诚的作用机制研究［D］. 杭州: 浙江大学, 2006.

［47］关爱萍, 李静宜. 人力资本、社会资本与农户贫困——基于甘肃省贫困村的实证分析［J］. 教育与经济, 2017 (01): 66 - 74.

［48］官文娜. 日本企业的信誉、员工忠诚与企业理念探源［J］. 清华大学学报 (哲学社会科学版), 2012 (04): 140 - 149.

［49］管爱国, 刘惠译. 国际合作社联盟关于合作社定义、价值和原则的详细说明［J］. 中国供销合作经济, 1995 (12): 4 - 8.

［50］管静. 基于利益相关者的我国企业财务管理目标选择初探［J］. 商业时代, 2010 (16): 74 + 136.

［51］郭红东, 杨海舟, 张若健. 影响农民专业合作社社员对社长信任的因素分析——基于浙江省部分社员的调查［J］. 中国农村经济, 2008 (08): 52 - 60.

［52］郭妍, 张立光, 蔡地. 前景理论: 发展、体系与应用［J］. 产业经济

评论，2014，13（02）：128－145.

［53］韩平，闫围，弓雅琼. 企业内上下级沟通与下属上向信任的关系研究［J］. 管理学报，2012（03）：396－400.

［54］韩闪闪. 异质社会资本、环境不确定性与企业债务期限结构［D］. 重庆：西南政法大学，2016.

［55］韩翼，杨百寅. 领导政治技能对员工组织忠诚的影响研究［J］. 科研管理，2014（09）：147－153.

［56］何庆丰. 品牌声誉、品牌信任与品牌忠诚关系研究［D］. 杭州：浙江大学，2006.

［57］贺志武，胡伦. 社会资本异质性与农村家庭多维贫困［J］. 华南农业大学学报（社会科学版），2018，17（03）：20－31.

［58］洪名勇，钱龙. 信任、声誉及其内在逻辑［J］. 贵州大学学报（社会科学版），2014，32（01）：34－39.

［59］侯杰泰，温忠麟，成子娟. 结构方程模型及其应用［M］. 北京：教育科学出版社，2004.

［60］胡平波. 农民专业合作社企业家能力与影响因素的实证研究［J］. 经济经纬，2014（31）：32－37.

［61］胡平波. 农民专业合作社中农民合作行为激励分析——基于正式制度与声誉制度的协同治理关系［J］. 农业经济问题，2013，34（10）：73－82＋111.

［62］胡琪波，蔡建峰. 中小企业员工心理契约实证研究［J］. 南京大学学报（哲学·人文科学·社会科学版），2013，50（04）：45－52.

［63］黄辰林. 动态信任关系建模和管理技术研究［D］. 长沙：国防科学技术大学，2005.

［64］黄家亮. 乡土场域的信任逻辑与合作困境：定县翟城村个案研究［J］. 中国农业大学学报（社会科学版），2012，29（01）：81－92.

［65］黄珺. 信任与农户合作需求影响因素分析［J］. 农业经济问题，2009，30（08）：45－49＋111.

［66］黄亮华. 企业声誉和财务绩效关系研究［D］. 杭州：浙江大

学，2005.

［67］黄胜忠．利益相关者集体选择视角的农民合作社形成逻辑、边界与本质分析［J］．中国农村观察，2014（02）：18－25＋93.

［68］黄顺君．社会参与西部少数民族地区精准协同扶贫机制创新研究——基于社会资本协同扶贫治理逻辑［J］．贵州民族研究，2016，37（11）：52－55.

［69］黄岩，陈泽华．信任、规范与网络：农民专业合作社的社会资本测量——以江西S县隆信渔业合作社为例［J］．江汉论坛，2011（08）：9－14.

［70］黄玉杰．战略联盟中的非正式治理机制：信任和声誉［J］．河北经贸大学学报，2009（04）：35－41.

［71］纪建悦，李坤．利益相关者关系与企业财务绩效的实证研究——基于中国房地产上市公司的面板数据分析［J］．管理评论，2011，23（07）：143－148.

［72］纪建悦，刘艳青，王翠，吕帅．利益相关者影响企业财务绩效的理论分析与实证研究［J］．中国管理科学，2009，17（06）：186－192.

［73］贾生华，陈宏辉．利益相关者的界定方法述评［J］．外国经济与管理，2002（05）：13－18.

［74］江文奇．基于前景理论和VIKOR的风险型模糊多准则决策方法［J］．控制与决策，2014，29（12）：2287－2291.

［75］姜涛．企业家声誉形成机理及其驱动因素研究——基于新的声誉结构观［D］．杭州：浙江大学，2010.

［76］姜艳萍，程树磊．基于前景理论的新产品开发方案选择方法［J］．管理学报，2012，9（05）：767－771.

［77］姜烨．同事信任与员工个人绩效关系的实证研究［D］．上海：华东理工大学，2013.

［78］蒋廉雄，卢泰宏．形象创造价值吗？——服务品牌形象对顾客价值—满意—忠诚关系的影响［J］．管理世界，2006（04）：106－114.

［79］蒋玲，谢旺送．信任、声誉机制的微观化思考［J］．学术·理论现代企业教育，2007（20）：41－42.

[80] 金玉芳，董大海．消费者信任影响因素实证研究——基于过程的观点 [J]．管理世界，2004（07）：93 - 99 + 156.

[81] 靳永翥，丁照攀．贫困地区多元协同扶贫机制构建及实现路径研究——基于社会资本的理论视角 [J]．探索，2016（06）：78 - 86.

[82] 鞠立瑜，傅新红，杨锦秀，等．农民专业合作社社长的内部社会资本状况分析——基于四川省 116 位社长的调查 [J]．农业技术经济，2012（04）：37 - 43.

[83] 康庄，杨秀苔，余元全．服务业消费者参与、信任与满意关系研究 [J]．中南财经政法大学学报，2009（01）：135 - 140.

[84] 孔东民．前景理论、流动性约束与消费行为的不对称——以我国城镇居民为例 [J]．数量经济技术经济研究，2005（04）：134 - 142.

[85] 匡萍波，凌玲．不同组织信任背景下工作满意度与组织承诺关系 [J]．经济管理，2009（04）：93 - 98.

[86] 李辰颖，张岩，刘红霞．基于云模型的 CEO 声誉评价 [J]．统计与决策，2015（01）：65 - 68.

[87] 李春琦．国有企业经营者的声誉激励问题研究 [J]．财经研究，2002，28（12）：50 - 55.

[88] 李从刚，权小锋．利益相关者、公司治理与盈余管理：基于文献的研究 [J]．商业研究，2017（09）：144 - 152.

[89] 李高科．基于顾客体验的顾客信任与顾客忠诚研究 [D]．太原：山西财经大学，2012.

[90] 李海霞，姜方放．心理契约——人力资源管理的良方 [J]．中国人力资源开发，2002（09）：11 - 13.

[91] 李晋．员工—主管上向信任影响因素和作用机理研究 [D]．济南：山东大学，2009.

[92] 李菁．员工心理契约对员工行为影响的实证研究 [D]．昆明：昆明理工大学，2014.

[93] 李克纯．企业家人力资本与企业绩效关系研究 [D]．成都：成都理工大学，2005.

［94］李昆，傅新红．重释农业合作社存在与发展的内在动因［J］．农村经济，2004（01）：16 - 18．

［95］李伶．基于心理契约的知识型员工流动影响因素研究［D］．长沙：中南大学，2007．

［96］李宁，严进，金鸣轩．组织内信任对任务绩效的影响效应［J］．心理学报，2006，38（05）：770 - 777．

［97］李鹏，刘思峰，朱建军．基于前景理论的随机直觉模糊决策方法［J］．控制与决策，2012，27（11）：1601 - 1606．

［98］李泉洲，王艳平，栗建华．企业社会责任、企业声誉对员工满意度影响的实证研究［J］．价值工程，2012（33）：7 - 10．

［99］李如琦，唐林权，凌武能，等．基于前景理论和灰关联分析法的黑启动方案优选［J］．电力系统保护与控制，2013，41（05）：103 - 107．

［100］李善民，毛雅娟，赵晶晶．利益相关者理论的新进展［J］．经济理论与经济管理，2008（12）：32 - 36．

［101］李胜蓝，江立华．基于角色理论的驻村"第一书记"扶贫实践困境分析［J］．中国特色社会主义研究，2018（06）：74 - 80．

［102］李四能．企业社会资本、投资行为与经济增加值的研究［J］．东南学术，2014（02）：111 - 120．

［103］李伟民，梁玉成．特殊信任与普遍信任：中国人信任的结构与特征［J］．社会学研究，2002（03）：13 - 24．

［104］李新春．信任、忠诚与家族主义困境［J］．管理世界，2002（06）：87 - 93 + 133 - 155．

［105］李旭，戴蓬军．利益相关者与农民专业合作社成长：分析框架和影响机理［J］．农业经济，2012（09）：78 - 80．

［106］李旭，李雪．社会资本对农民专业合作社成长的影响——基于资源获取中介作用的研究［J］．农业经济问题，2019，469（01）：127 - 135．

［107］李煦．基于心理契约的知识型员工激励机制研究［D］．郑州：河南大学，2014．

［108］李延喜，黄莉芳．管理者声誉评价研究综述［J］．当代经济管理，

2011, 33 (09): 1-4.

[109] 李颖. 基于结构方程模型的绿色供应链管理与企业绩效关系研究 [D]. 镇江: 江苏大学, 2010.

[110] 李永锋, 司春林. 合作创新中企业声誉、共享价值观和相互信任的实证研究 [J]. 技术经济与管理研究, 2007 (06): 34-37.

[111] 李原, 郭德俊. 组织中的心理契约 [J]. 首都师范大学学报 (社会科学版), 2002 (01): 108-113.

[112] 李原, 孙健敏. 雇用关系中的心理契约: 从组织与员工双重视角下考察契约中"组织责任"的认知差异 [J]. 管理世界, 2006 (11): 101-110+151.

[113] 李原. 员工心理契约的结构及相关因素研究 [D]. 北京: 首都师范大学, 2002.

[114] 李长贵. 社会心理学 [M]. 台北: 台湾书局, 1973.

[115] 李正欢. 饭店总经理管理者角色理论的实证研究 [J]. 重庆邮电大学学报 (社会科学版), 2009, 21 (03): 99-102.

[116] 李志, 向征, 刘敢新. 构建企业员工忠诚度培养模型的实证分析 [J]. 重庆大学学报 (自然科学版), 2005 (12): 155-158.

[117] 梁巧, 吴闻, 刘敏, 等. 社会资本对农民合作社社员参与行为及绩效的影响 [J]. 农业经济问题, 2014, 35 (11): 71-79.

[118] 廖冰, 杨秀苔. 心理契约构建与知识型员工管理 [J]. 中国人力资源开发, 2003 (08): 29-31.

[119] 廖庆云. 企业成长中的心理契约研究 [D]. 兰州: 兰州理工大学, 2007.

[120] 廖媛红. 农民专业合作社的内部信任、产权安排与成员满意度[J]. 西北农林科技大学学报 (社会科学版), 2013 (05): 48-56.

[121] 廖媛红. 农民专业合作社的社会资本与绩效之间的关系研究 [J]. 东岳论丛, 2015, 36 (08): 128-135.

[122] 廖媛红. 农民专业合作社内部社会资本对成员满意度的影响——以管理正规化程度为调节变量 [J]. 经济社会体制比较, 2012 (05): 175-188.

［123］凌玲，凌红．工作满意度、组织信任和组织承诺关系的实证研究［J］．企业经济，2009（01）：43 – 45．

［124］刘翠芳．惩罚、声誉与重建信任［D］．成都：西南财经大学，2011．

［125］刘洪深，汪涛，张辉，等．顾客参与对员工工作满意的影响研究——基于角色理论视角［J］．商业经济与管理，2011（05）：80 – 88 + 96．

［126］刘利．利益相关者理论的缺陷与未来研究方向［J］．现代经济探讨，2008（09）：44 – 48．

［127］刘靓．企业家声誉的构成要素及其驱动因素测量研究［D］．杭州：浙江大学，2005．

［128］刘清峰．顾客满意和顾客忠诚中的消费情感因素研究［D］．天津：天津大学，2006．

［129］刘蓉晖，戴芳源．前景理论在企业管理中的研究述评［J］．现代管理科学，2014（06）：36 – 38．

［130］刘向阳，李帆．基于心理契约的知识型员工激励机制的研究［J］．技术经济与管理研究，2013（11）：51 – 56．

［131］刘亚莉．自然垄断企业利益相关者导向的综合绩效评价研究［J］．管理评论，2003（12）：31 – 36 + 64．

［132］刘艳红．员工忠诚度的影响因素研究［D］．石家庄：河北经贸大学，2012．

［133］刘艳玲．公司财务管理目标——利益相关者财富最大化［J］．财会月刊（会计版），2002，000（011）：9 – 10．

［134］刘一伟，刁力．社会资本、非农就业与农村居民贫困［J］．华南农业大学学报（社会科学版），2018，17（02）：61 – 71．

［135］刘银仓．企业员工忠诚度问题研究［D］．保定：河北大学，2010．

［136］刘咏梅，彭民，李立．基于前景理论的订货问题［J］．系统管理学报，2010，19（05）：481 – 490．

［137］刘勇，Forrest Jeffrey，刘思峰，等．基于前景理论的多目标灰靶决策方法［J］．控制与决策，2013，28（03）：345 – 350．

［138］刘宇翔．农民专业合作社发展中信任的影响因素分析——以陕西省为

例［J］．农业经济问题，2012（09）：66－71＋113．

［139］刘彧彧，娄卓，刘军，等．企业声誉的影响因素及其对消费者口碑传播行为的作用［J］．管理学报，2009（03）：348－353．

［140］刘志远，刘青．集体决策能抑制恶性增资吗——一个基于前景理论的实验研究［J］．中国工业经济，2007（04）：13－20．

［141］刘周平．顾客满意与顾客忠诚研究的文献回顾［J］．山东社会科学，2007（03）：127－131．

［142］陆娟．顾客满意与顾客忠诚关系中的调节因素研究——来自北京服务业的实证分析［J］．管理世界，2007（12）：96－105．

［143］罗帆，金占涛．基于心理契约的企业并购人员动态管理［J］．重庆大学学报（社会科学版），2005（06）：118－121．

［144］吕洪良．保健品的顾客信任前因和结果分析［D］．杭州：浙江大学，2006．

［145］马光川．当前中国乡村信任状况研究［D］．济南：山东大学，2004．

［146］马连福，刘丽颖．高管声誉激励对企业绩效的影响机制［J］．系统工程，2013，31（05）：22－32．

［147］马明峰，陈春花．品牌信任、品牌可信度与品牌忠诚关系的实证研究［J］．经济管理，2006（11）：55－58．

［148］马旭军，宗刚．心理契约破裂内涵及构成研究［J］．经济问题，2015（07）：13－18．

［149］马玉凤，孙健敏，潘胜原．制造业企业员工心理契约现状分析［J］．软科学，2010，24（06）：94－96＋105．

［150］毛蔚．团队角色分配及其有效性分析［D］．北京：北京邮电大学，2014．

［151］孟召将．农民专业合作社声誉效应与制度创新［J］．农村经济，2011（03）：90－93．

［152］米家乾．心理契约与CEO报酬设计——对天价CEO的反思［J］．南方经济，2003（04）：65－67．

［153］缪荣，茅宁．公司声誉的形成机制［J］．经济管理，2006（15）：

43 – 46.

[154] 倪细云，王礼力，刘婧．农民专业合作社理事长能力测度与培育——基于运城市 100 家合作社的实证研究［J］．西北农林科技大学学报，2012（12）：26 – 31.

[155] 欧阳（山仑）．角色心理分析［J］．心理科学通讯，1987（03）：38 – 39.

[156] 彭川宇．职业承诺对知识员工心理契约、工作满意度及离职倾向关系的研究［J］．科学学与科学技术管理，2008，29（12）：167 – 171.

[157] 彭阶贞．员工对领导信任及其与工作满意度关系研究［D］．长沙：湖南师范大学，2012.

[158] 彭泗清．信任的建立机制：关系运作与法制手段［J］．社会学研究，1999（02）：53 – 66.

[159] 钱士茹，徐自强，王灵巧．新生代员工心理契约破裂和离职倾向的关系研究［J］．现代财经（天津财经大学学报），2015，35（02）：102 – 113.

[160] 秦之壵．再议"利益相关者"在公司治理主体选择中的理论与实践问题［J］．经济体制改革，2010（06）：71 – 74.

[161] 青井和夫．社会学原理［M］．北京：华夏出版社，2002.

[162] 邱茜．职业经理人声誉评价体系研究［D］．济南：山东大学，2008.

[163] 全燕．信任在风险沟通中的角色想象［J］．学术研究，2013（11）：58 – 62.

[164] 阚翠平，王应明，蓝以信．基于累积前景理论的属性关联犹豫模糊TOPSIS 方法［J］．统计与决策，2018，34（04）：43 – 48.

[165] 任大鹏，李琳琳，张颖．有关农民专业合作社的凝聚力和离散力分析［J］．中国农村观察，2012（02）：13 – 20.

[166] 申莉．员工忠诚度培养策略研究［D］．太原：山西财经大学，2010.

[167] 沈蕾，邓丽梅．基于顾客满意度的品牌忠诚模型实证研究［J］．管理评论，2006（02）：57 – 62.

[168] 沈伊默，袁登华．心理契约破坏研究现状与展望［J］．心理科学进展，2006（06）：912 – 917.

［169］施海燕，施放．期望效用理论与前景理论之比较［J］．统计与决策，2007（11）：22－24.

［170］舒歆，骆毅．我国农民专业合作社发展中的理事长影响力研究［J］．河南师范大学学报，2012（39）：130－133.

［171］宋春红，苏敬勤．服务质量、顾客价值及顾客满意对顾客忠诚影响的实证检验［J］．统计与决策，2008（19）：182－184.

［172］宋兆晴．基于贝尔宾团队角色理论的环境审计人员专业胜任能力研究［D］．青岛：中国海洋大学，2012.

［173］隋敏，王竹泉．社会资本对企业价值创造影响研究：理论、机理与应用［J］．当代财经，2013（07）：111－121.

［174］孙平．社会资本调节下跨部门冲突管理与创新绩效关系研究——基于高科技企业的实证分析［J］．山东大学学报（哲学社会科学版），2014（01）：127－136.

［175］孙涛．知识型公司利益相关者共同治理模式探讨，科学学研究［J］．2005（06）：832－833.

［176］孙亚范，余海鹏．农民专业合作社成员合作意愿及影响因素分析［J］．中国农村经济，2012（06）：48－58＋71.

［177］孙远太．社会资本与贫困地区的发展逻辑——河南信阳地区劳动力转移机制创新的理论阐释［J］．农村经济，2011（06）：110－114.

［178］谭思，陈卫平．如何建立社区支持农业中的消费者信任——惠州四季分享有机农场的个案研究［J］．中国农业大学学报（社会科学版），2018，35（04）：103－116.

［179］谭云清，马永生，李元旭．社会资本、动态能力对创新绩效的影响：基于我国国际接包企业的实证研究［J］．中国管理科学，2013（S2）：784－789.

［180］陶祁，刘帮成．影响并购价值增值的心理因素探索性研究［J］．管理科学，2003（02）：22－27.

［181］特纳．社会学理论的结构［M］．北京：北京大学出版社，2004.

［182］田海平，岳瑨．"信任流"与"忠诚流"——对美日企业治理伦理

路径依赖的案例分析〔J〕. 苏州大学学报（哲学社会科学版），2013（06）：33 – 37.

［183］仝瞳. 企业社会责任行为、企业声誉与顾客忠诚关系研究〔D〕. 济南：山东大学，2012.

［184］涂尔干. 社会分工论〔M〕. 北京：三联出版社，2000.

［185］屠海群. 知识型企业激励机制的契约模式〔J〕. 企业经济，2002（05）：16 – 17.

［186］万建华. 利益相关者管理〔M〕. 深圳：海天出版社，1998.

［187］万希. 中层管理者角色认知及其职业危机管理〔J〕. 经济与管理，2009（04）：51 – 54.

［188］汪凤桂，戴朝旭，欧晓明. 农户视角的农业龙头企业声誉评价〔J〕. 华中农业大学学报（社会科学版），2014（03）：50 – 58.

［189］王成琛，陈东平. 专业合作社内资金互助避险模式比较——基于2家农民专业合作社的案例分析〔J〕. 江苏农业科学，2017，45（03）：286 – 289.

［190］王赫. 企业社会责任、企业声誉与顾客忠诚关系的实证研究〔D〕. 长春：吉林大学，2010.

［191］王红丽，陆云波. 主动人际策略下的信任治理〔J〕. 南开管理评论，2011，14（13）：32 – 141.

［192］王唤明，江若尘. 利益相关者理论综述研究〔J〕. 经济问题探索，2007（04）：11 – 14.

［193］王坚强，孙腾，陈晓红. 基于前景理论的信息不完全的模糊多准则决策方法〔J〕. 控制与决策，2009，24（08）：1198 – 1202.

［194］王金娇. 大学科研团队成员心理契约对团队有效性的影响研究〔D〕. 哈尔滨：哈尔滨工业大学，2016.

［195］王乐. CEO声誉定量评价研究〔D〕. 杭州：浙江大学，2004.

［196］王雷，陈梦扬. 风险投资能够有效缓解企业融资约束吗？——基于企业社会资本中介效应的分析〔J〕. 财经论丛，2017，220（05）：41 – 49.

［197］王黎萤. 基于心理契约的知识型员工激励机制设计〔J〕. 科技进步与对策，2005（11）：144 – 145.

［198］王丽霞．新生代员工组织忠诚度形成机制研究［D］．合肥：安徽大学，2013.

［199］王亮，王应明．基于前景理论的动态参考点应急决策方法研究［J］．中国管理科学，2013，21（S1）：132－140.

［200］王苗，李楠汐．企业并购过程中人力资源整合的心理契约效用［J］．中国商贸，2010（10）：62－63.

［201］王鹏程，李建标．利益相关者治理能缓解企业融资约束吗［J］．山西财经大学学报，2014，36（12）：96－106.

［202］王平，徐选华．前景理论研究综述［J］．企业技术开发，2005，24（12）：10－12.

［203］王琦．利益相关者治理下的企业社会责任形成机理研究［J］．西南政法大学学报，2018，118（04）：120－127.

［204］王强．社会资本的反贫困机制——基于农村困难家庭全国性调查的实证研究［J］．学习与实践，2019（06）：83－95.

［205］王瑞永．民营企业领导者的管理角色及动态转变［J］．内蒙古财经学院学报，2003（03）：80－82.

［206］王森，赵涛，王庆．非正式组织对员工流动的影响及管理策略［J］．电子科技大学学报（社会科学版），2007，9（05）：29－32.

［207］王世权，牛建波．利益相关者参与公司治理的途径研究——基于扎根理论的雷士公司控制权之争的案例分析［J］．科研管理，2009，30（04）：105－114.

［208］王涛，顾新．知识链成员间相互信任的建立与演化过程研究［J］．科技进步与对策，2010（27）：8－11.

［209］王文献．我国新型农民专业合作社融资问题研究［D］．成都：西南财经大学，2007.

［210］王永钦，石磊．声誉租金、社会信任结构与家族制企业［J］．学术月刊，2004（09）：31－37.

［211］王增强，李延来，蒲云，等．基于 QFD 和前景理论的产品规划方案选择方法［J］．机械工程学报，2013，49（04）：174－183.

［212］王志标，李丹丹．传统节会的声誉溢出效应：基于 Kreps – Milgrom – Roberts – Wilson 声誉模型［J］．经济数学，2019，36（01）：53 – 60.

［213］韦慧民，刘洪．员工可信行为与管理者对员工信任发展：组织控制的跨层次影响［J］．当代人力资源管理研究，2012（03）：58 – 67.

［214］卫维平．基于结构方程模型的企业家精神与企业绩效关系研究［D］．天津：天津大学，2008.

［215］魏峰，张文贤．国外心理契约理论研究的新进展［J］．外国经济与管理，2004（02）：12 – 16.

［216］魏洪茂．企业声誉与消费者忠诚度关系浅析［J］．企业技术开发，2009（12）：102 – 106.

［217］魏亚平，闫婧怡，刘建准．企业社会资本、知识管理与技术创新能力提升的集成框架模型研究［J］．情报科学，2013，31（09）：29 – 33.

［218］吴玲，任佩瑜，陈维政，贺红梅．管理系统中的熵理论及利益相关者框架下企业综合绩效的熵值评估法［J］．软科学，2004（01）：36 – 39 + 43.

［219］吴其伦，卢丽娟，钱刚毅．心理契约：团队协同的心理基石［J］．广西社会科学，2003（10）：57 – 58.

［220］吴忠华．第三方物流公司顾客满意度与忠诚度——基于心理契约的研究［J］．中国流通经济，2014（05）：101 – 105.

［221］伍琳，王毓丰，乔素素，等．如何引导社会资本流向中国的初创型中小企业——基于美国小企业投资公司计划管理运行模式的思考［J］．中国医药工业杂志，2018，49（09）：129 – 136.

［222］仵希亮．农民专业合作社的利益相关者探析与共同治理结构构建［J］．农村经济，2013（10）：126 – 129.

［223］奚从清．角色理论研究［M］．杭州：杭州大学出版社，1991.

［224］席宁，严继超．利益相关者治理与公司财务绩效——来自中国制造业上市公司的经验［J］．经济与管理研究，2010（02）：75 – 80.

［225］夏庆杰，宋丽娜，SimonAppleton．经济增长与农村反贫困［J］．经济学（季刊），2010，9（03）：851 – 870.

［226］肖凤德．心理契约与薪酬管理模式研究［D］．杭州：浙江大学，

2003.

[227] 肖启鹏．探讨内部服务质量、员工满意度与员工忠诚度之间的关系研究 [D]．上海：东华大学，2004.

[228] 谢发胜．经理人心理契约结构维度实证研究 [D]．长沙：湖南大学，2006.

[229] 谢凤华．消费者信任前因、维度和结果的研究——基于电视机购买的理论与经验研究 [D]．杭州：浙江大学，2005.

[230] 谢洪明，陈盈，程聪．网络强度和企业管理创新：社会资本的影响 [J]．科研管理，2012，33（09）：32－39.

[231] 谢薇．国有企业经营管理者声誉评价研究 [D]．西安：西安理工大学，2008.

[232] 谢玉华，刘晓东，潘晓丽．员工参与对员工忠诚度影响的实证研究 [J]．湖南大学学报（社会科学版），2010（05）：52－56.

[233] 徐碧祥．员工信任对知识整合与共享意愿的作用机制研究 [D]．杭州：浙江大学，2007.

[234] 徐凤江．社会资本对农民专业合作社的影响分析 [J]．理论观察，2013（12）：82－83.

[235] 徐红利，周晶，陈星光．基于前景理论的路径选择行为规则分析与实证 [J]．交通运输系统工程与信息，2007（06）：95－101.

[236] 徐金发，龚杨达，刘志刚．企业声誉对顾客忠诚的作用机制研究 [J]．外国经济与管理，2005（07）：44－50.

[237] 徐金发，王乐，殷盛．CEO 声誉评价综述 [J]．经济论坛，2005（02）：75－78.

[238] 徐俊毅．认知与情感信任的前因及对顾客忠诚的影响——基于化妆品市场的实证研究 [D]．杭州：浙江工业大学，2006.

[239] 徐雷．组织中信任的产生及其对信任双方绩效的影响——以浙江省民营企业为例 [D]．杭州：浙江大学，2007.

[240] 徐双庆．企业声誉对消费者忠诚影响机理分析 [D]．杭州：浙江大学，2009.

［241］徐旭初，周晓丽．基于社员角度的农民专业合作社内部信任的影响因素研究［J］．商场现代化，2011（16）：104－105．

［242］徐旭初．中国农民专业合作经济组织的制度分析［M］．北京：经济科学出版社，2005．

［243］徐志刚，谭鑫，廖小静．农民合作社核心成员社会资本与政策资源获取及成员受益差异［J］．南京农业大学学报（社会科学版），2017，17（06）：82－91．

［244］许科．员工对领导者信任的结构研究［D］．郑州：河南大学，2002．

［245］许淑华．农民合作行为与信任研究：基于社会资本的视角［D］．济南：山东大学，2006．

［246］许叶枚．利益相关者、公司治理与企业的社会责任［J］．现代经济探讨，2009（01）：38－41．

［247］许媛媛．知识型员工的心理契约理论研究及实证分析［D］．武汉：武汉理工大学，2009．

［248］薛芬芳．管理者个人绩效与信任关系研究［D］．北京：对外经济贸易大学，2006．

［249］闫峰双．基于声誉的电子商务信任模型构建研究［D］．浙江：浙江理工大学，2014．

［250］闫书丽，刘思峰．基于前景理论的群体灰靶决策方法［J］．控制与决策，2014，29（04）：673－678．

［251］严浩仁，贾生华．顾客满意向顾客忠诚的转换机理研究综述［J］．山西财经大学学报，2003（06）：65－68．

［252］杨灿君．"能人治社"中的关系治理研究——基于35家能人领办型合作社的实证研究［J］．南京农业大学学报（社会科学版），2016，16（02）：44－53＋153．

［253］杨灿君．合作社中的信任建构及其对合作社发展的影响——基于浙江省Y市农民专业合作社的实证研究［J］．南京农业大学学报（社会科学版），2010，10（04）：121－127．

［254］杨灿君，方宁．能人领办型合作社中的信任机制构建——基于江浙两

省64家合作社的实证研究［J］.农村经济与科技，2016，27（13）：51-53.

［255］杨慧，刘德军.农业龙头企业感知心理契约结构维度的探析——基于江西省的调研数据［J］.江西财经大学学报，2014（01）：18-24.

［256］杨建池，王运吉，钱大庆，黄柯棣.基于前景理论的决策模型研究［J］.系统仿真学报，2009，21（09）：2469-2472.

［257］杨杰，凌文辁，方俐洛.心理契约破裂与违背刍议［J］.暨南学报（哲学社会科学版），2003（02）：58-64.

［258］杨中芳，彭泗清.中国人人际信任的概念化：一个人际关系的观点［J］.社会学研究，1999（02）：3-23.

［259］叶贵仁，陈燕玲，欧阳航.乡镇政府作风转变如何影响政府信任——官民关系与满意度的中介效应［J］.华南理工大学学报（社会科学版），2020，22（01）：109-118.

［260］伊丹.日本型公司治理结构［M］.日本：日本经济新闻社，2000.

［261］易牧农，楚天舒，乔时，等.基于事先信任和后续信任的顾客忠诚形成机理研究［J］.管理评论，2011，23（12）：92-99.

［262］于生权.基于心理契约基础上的职业生涯规划研究［D］.哈尔滨：东北师范大学，2007.

［263］余丽燕，Jerker Nilsson.农民合作社资本约束：基于社会资本理论视角［J］.中国农村观察，2017（05）：87-101.

［264］余鑫.企业家声誉机制探析——兼论国有企业经营者的声誉激励［D］.长沙：湖南大学，2002.

［265］俞义樵，张维.基于利益相关者的企业经营者业绩评估研究［J］.重庆大学学报（社会科学版），2009，15（01）：48-53.

［266］袁亚忠.基于感知质量的顾客信任与顾客忠诚［J］.求索，2009（10）：35-37-132.

［267］岳玲军.当前心理契约下员工职业发展管理研究［D］.北京：首都经济贸易大学，2006.

［268］张爱国，廖柳庆.利益相关者与公司治理［J］.商业研究，2005（23）：41-43.

［269］张博.企业社会责任与财务管理目标的重新定位——基于利益相关者理论视角［J］.商业时代，2011（18）：83-84.

［270］张德元，潘纬.农民专业合作社内部资金互助行为的社会资本逻辑——以安徽 J 县惠民专业合作社为例［J］.农村经济，2016（01）：119-125.

［271］张桂英.管理者角色新探［J］.商业研究，2005（19）：98-100.

［272］张涵，吴东立.基于利益相关者的农商行公司治理模式优化研究［J］.农业经济，2018（08）：123-125.

［273］张建民，杨子敬.试论心理契约与员工流失过程［J］.经济问题探索，2009（09）：72-76.

［274］张康之.在历史的坐标中看信任——论信任的三种历史类型［J］.社会科学研究，2005（01）：11-17.

［275］张兰霞，闵琳琳，吴小康，李峥.基于心理契约的知识型员工忠诚度的影响因素［J］.管理评论，2008（04）：39-44.

［276］张雷，陈东平.生产合作声誉与信用合作道德风险控制［J］.华南农业大学学报（社会科学版），2018，17（02）：83-94.

［277］张敏.基于角色管理的中小企业人才聚集效应研究［D］.南京：南京航空航天大学，2010.

［278］张维迎，柯荣住.信任及其解释：来自中国的跨省调查分析［J］.经济研究，2002（10）：59-70.

［279］张维迎.企业家与职业经理人：如何建立信任［J］.北京大学学报（哲学社会科学版），2003（05）：29-39.

［280］张文明，陈丹，朱根，等.基于社会资本理论的农民灌溉水价支付意愿影响因素分析模型［J］.水利经济，2010，28（02）：36-40.

［281］张晓，樊治平.基于前景理论的风险型混合多属性决策方法［J］.系统工程学报，2012，27（06）：772-781.

［282］张晓娟，童泽林.企业家声誉：理论机制、测量模型与研究展望［J］.科技进步与对策，2012，29（24）：170-173.

［283］张新安，田澎.顾客满意与顾客忠诚之间关系的实证研究［J］.管

理科学学报，2007（04）：62-72.

[284] 张言彩，王永贵．企业——顾客双向忠诚的动态耦合机制概念框架——基于心理契约理论的视角［J］．财经问题研究，2014（11）：141-145.

[285] 张阳．基于心理契约的核心员工忠诚度研究［D］．大庆：黑龙江八一农垦大学，2013.

[286] 张莹，李健，薛辉蓉，等．营运资本管理、企业社会资本与公司发展——基于中国上市公司面板数据的实证研究［J］．南大商学评论，2018（02）：55-78.

[287] 张滢．农民专业合作社风险识别与治理机制［J］．中国农村经济，2011（12）：14-23.

[288] 赵凤云．企业伦理与顾客满意、顾客忠诚间的关系研究［D］．杭州：浙江工商大学，2014.

[289] 赵菁．组织架构变革后员工心理契约重建方案设计［D］．上海：上海交通大学，2013.

[290] 赵晶，王明．利益相关者、非正式参与和公司治理——基于雷士照明的案例研究［J］．管理世界，2016（04）：138-149，167.

[291] 赵兰香，张素罗．农户社会资本对农民合作组织的影响——基于河北省717户农户调查的实证分析［J］．实事求是，2013（03）：62-63.

[292] 赵凛，张星臣．基于"前景理论"的路径选择行为建模及实例分析［J］．土木工程学报，2007（07）：82-86.

[293] 赵凌云，王永龙．社会资本理论视野下的农民专业合作组织建设——浙北芦溪村农民青鱼专业合作社的个案研究［J］．当代经济研究，2008（08）：57-61.

[294] 赵泉民，李怡．关系网络与中国乡村社会的合作经济——基于社会资本视角［J］．农业经济问题，2007（08）：40-46.

[295] 赵仁勇．我国家族企业经营者信任机制研究［D］．重庆：重庆大学，2003.

[296] 赵树宽，刘战礼，迟远英．基于前景理论的不确定条件下的风险决策和企业管理［J］．科学学与科学技术管理，2010，31（03）：157-161.

［297］赵爽，肖洪钧．企业家声誉对企业家行为的影响研究［J］．经济纵横，2009（09）：113－115.

［298］赵熙．员工—企业双向忠诚的动态耦合机制及其构建［J］．求索，2014（12）：100－103.

［299］赵晓峰．信任建构、制度变迁与农民合作组织发展——一个农民合作社规范化发展的策略与实践［J］．中国农村观察，2018（01）：14－27.

［300］郑彩霞．团队角色理论在 A 软件集成公司的应用研究［D］．武汉：武汉工程大学，2016.

［301］郑秋莹，姚唐，范秀成，穆琳，曹花蕊．基于 Meta 分析的"顾客满意—顾客忠诚"关系影响因素研究［J］．管理评论，2014（02）：111－120.

［302］郑也夫．信任：溯源与定义［J］．北京社会科学，1999（04）：118－123.

［303］钟真，穆娜娜，齐介礼．内部信任对农民合作社农产品质量安全控制效果的影响：基于三家奶农合作社的案例分析［J］．中国农村经济，2016（01）：40－52.

［304］周丽．国有企业知识员工忠诚的形成机理与提升机制研究［D］．厦门：华侨大学，2009.

［305］周莉．心理契约对员工离职意向的影响研究［J］．学术论坛，2014，37（06）：140－144.

［306］周维，王明哲．基于前景理论的风险决策权重研究［J］．系统工程理论与实践，2005（02）：74－78.

［307］周晓珺．上市公司财务治理效率理论框架的构建——"社会人"视角下基于 SCP 模型的分析［J］．现代经济探讨，2013（05）：61－64.

［308］周晓丽．农民专业合作社社员信任的影响因素研究［D］．杭州：杭州电子科技大学，2011.

［309］周艳菊，应仁仁，陈晓红，王宗润．基于前景理论的两产品报童的订货模型［J］．管理科学学报，2013，16（11）：17－29.

［310］周宇，赵敏娟，康健．社会资本对农户参与合作社决策行为的影响［J］．农业现代化研究，2019，40（02）：226－233.

［311］周月书，孙冰辰，彭媛媛．规模农户加入合作社对正规信贷约束的影响——基于社会资本的视角［J］．南京农业大学学报（社会科学版），2019，19（04）：126-137．

［312］朱陈松，章仁俊，张晓花，等．中小企业技术创新与管理者信用——基于社会资本视角［J］．科技进步与对策，2010（20）：71-75．

［313］朱慧，周根贵．社会资本促进了组织创新吗？——一项基于 Meta 分析的研究［J］．科学学研究，2013（11）：119-127．

［314］朱丽，朱传喜，张小芝．基于前景理论的犹豫模糊风险型多属性决策方法［J］．统计与决策，2014（17）：68-71．

［315］朱启臻，王念．论农民专业合作社产生的基础和条件［J］．华南农业大学学报（社会科学版），2008，7（03）：16-19．

［316］朱晓妹，王重鸣．员工心理契约及其组织效果研究［J］．管理工程学报，2006（03）：123-125．

［317］朱学红，杨静，伍如昕．理念型心理契约、组织公民行为与团队绩效关系分析［J］．统计与决策，2014（22）：93-97．

［318］邹鹏，郝连才，李一军．基于互惠理论和前景理论的客户回报计划对客户忠诚影响［J］．管理评论，2014，26（01）：120-129．

［319］Amy J. Hillman, Gerald D Keim. Shareholder Value, Stakeholder Management and Social Issues：What's the Bottom Line? ［J］. Strategic Management Journal, 2001, 22（2）：149-167.

［320］Argyris C. Understand Organizational Behavior ［M］. London：Tavistoch Publications, 1960.

［321］Baker F H, Busby F E, Raun N S, et al.. The Relationships and Roles of Animals in Sustainable Agriculture and on Sustainable Farms1 ［J］. Professional Animal Scientist, 1990, 6（03）：36-49.

［322］Barney J B, Hansen M H. Trustworthiness as A Source of Competitive Advantage ［J］. Strategic Management Journal, 1994（15）：175-190.

［323］Ben Hador, Batia. Three Levels of Organizational Social Capital and Their Connection to Performance ［J］. Journal of Management Development, 2017, 36

（3）：348 – 360.

［324］Bob Rietjens, Ribbert Van Der Kroft. Trust and Reputation on eBay： Towards alegal Framework for Feedback Intermediaries ［J］. Information & Communications Technology Law, 2006, 15（1）：55 – 78.

［325］Bob Rietjens, Ribbert Van Der Kroft. What's in a Name? Reputation Building and Corporate Strategy ［J］. Aeademy of Management Jounral, 1990（02）：233 – 258.

［326］Boon S D. The Dynamics of Interpersonal Trust：Resolving Uncertainty in the Face of Risk ［M］. Cambridge：Cooperation and Prosocial Behaviour, 1991.

［327］Bourdieu P. Invitation to a Reflexive Sociology ［M］. Chicago：University of Chicago Press, 1992.

［328］Bourdieu P. The Forms of Capital ［M］. Readings in Economic Sociology, 1986.

［329］Brehm, John, Rahn, et al.. Individual – Level Evidence for the Causes and Consequences of Social Capital ［J］. American Journal of Political Science, 1997, 41（03）：999 – 1023.

［330］Burt R S. The Contingent Value of Social Capital ［J］. Administrative Science Quarterly, 1997, 42（02）：339 – 365.

［331］C Gerard, D Philippe. Corporate Governance：Stakeholder Value Versus Shareholder Value ［J］. Journal of Management and Governance, 2001, 5（02）：107 – 128.

［332］Chantarat S, Barrett C B. Social Network Capital, Economic Mobility and Poverty Traps ［J］. Journal of Economic Inequality, 2012, 10（03）：299 – 342.

［333］Charles F. Sabel. Studied Trust：Building New Forms of Cooperation in a Volatile Economy ［J］. Human Relations, 1993, 46（09）：1133 – 1170.

［334］Charles Fombrun, Mark Shanley. What's in a Name? ［J］. Reputation Building and Corporate Strategy, 1990, 33（02）：233 – 258.

［335］Claro D Pimentel, Geoffrey Hagelaar, Onno Omta. The Determinants of Relational Governance and Performance：How to Manage Business Relationships?

[J] . Industrial Marketing Management, 2003, 32 (08): 703 – 716.

[336] Cleaver F. The Inequality of Social Capital and the Reproduction of Chronic Poverty [J] . World Development, 2005, 33 (06): 893 – 906.

[337] Coleman J S. Foundations of Social Theory [M] . Cambridge, MA: Harvard University Press, 1990.

[338] Daniel J, McAllister. Affect-and Cognition-Based Trust as Foundations for Interpersonal Cooperation in Organizations [J] . The Academy of Management Journal, 1995, 38 (01): 24 – 59.

[339] Daniel Kahneman, Amos Tversky. Prospect Theory: An Analysis of Decision under Risk [J] . Econometrica, 1979, 47 (02): 263 – 291.

[340] Das Bing – Sheng Teng. Between Trust and Control: Developing Confidence in Partner Cooperation in Alliances [J] . Academy of Management Review, 1998, 23 (03): 491 – 512.

[341] Davidsson Per, Honig Benson. The Role of Social and Human Capital among Nascent Entrepreneurs [J] . Journal of Business Venturing, 2003, 18 (03): 301 – 331.

[342] Davis J H, Sehoorman E D, Mayer R C, et al.. The Trusted General Manager and Business Unite Performance: Empirical of A Competitive Advantage [J]. Strategy Management Joumal, 2000, 21 (05): 563 – 576.

[343] Davis J H, Sehoorman E D, Mayer R C, et al.. Managing Coeporate Image and Corporate Reputation [J] . Long Range Planning, 2002, (31): 695 – 702.

[344] Denise M Rousseau, Sim B Sitkin, Ronald S Burt, et al.. Introduction to Special Topic Forum: Not so Different after All: A Cross – Discipline View of Trust [J] . The Academy of Management Review, 1998, 23 (03): 393 – 404.

[345] Deutsch M. Trust and Suspicion [J] . Journal of Conflict Resolution, 1958, 2 (04): 265 – 279.

[346] Doby V J, R D Kaplan. Organizational Stress as Threat to Reputation: Effects on Anxiety at Work and at Home [J] . Academy of Management Journal, 1995, 38 (04): 1105 – 1123.

[347] Dodgson M. Learning, Trust and Technological Collaboration [J]. Human Relations, 1993, 46 (01): 77 – 95.

[348] Elinor Ostrom, T K Ahn. A social science perspective on social capital: Social capital and collective action [C]. Tthe European Research Conference on "Social Capital: Interdisciplinary Perspectives". Exeter: United Kingdom, 2001: 15 – 20.

[349] Farrell J B, Flood P C, Mac C S, et al.. CEO Leadership, Top Team Trust and the Combination and Exchange of Information [J]. Irish Joumal of Management, 2005, 26 (01): 22 – 40.

[350] Farrell J B, Flood P C, Mac C S, et al.. Relationships between Personal and Corporate Reputations [J]. European Journal of Marketing, 2001 (05): 316 – 334.

[351] Fennema H, Wakker P. Original and Cumulative Prospect Theory: A Discussion of Empirical Differences [J]. Journal of Behavioral Decision Making, 1997, 10 (1): 193 – 215.

[352] Fombrun C J. Reputation: Realizing Value from the Corporate Image [M]. Boston, MA: Harvard Business School Press, 1996.

[353] Francis Fukuyama. Capital Social Economía Global [J]. Ciencia Política Pevista Trimestral Para América Latina Yespaña, 1995 (02): 81 – 94.

[354] Fung R, Lee M. EC – trust (Trust in Electronic Commerce): Exploring the Antecedent Factors [C]. Milwaukee, WI, USA: Proceedings of the Fifth Americas Conference on Information Systems, 1999: 517 – 519.

[355] G D Kelly, A Gamble. Stakeholder Capitalism [M]. London: Macmillan, 1997.

[356] G Gorton, F Schmid. Universal Banking and the Performance of German Firms [J]. Journal of Financial Economics, 2000, 58 (1 – 2): 29 – 80.

[357] Gioia D A, H P Jr Sims. Perceptions of Managerial Power as A Consequence of Managerial Behavior and Reputation [J]. Journal of Management, 1983, 9 (01): 7 – 26.

[358] Gotsi M, Wilson A M. Corporate Reputation: Seeking A Definition [J]. Corporate Communications An International Journal, 2001, 6 (01): 24 – 30.

[359] Granovetter M S. The Strength of Weak Ties [J]. American Journal of Sociology, 1973, 78 (06): 1360 – 1380.

[360] Gronum S, Verreynne M L, Kastelle T. The Role of Networks in Small and Medium – Sized Enterprise Innovation and Firm Performance [J]. Journal of Small Business Management, 2012, 50 (02): 257 – 282.

[361] Hansen M T. Knowledge networks: Explaining Effective Knowledge Sharing in Multiunit Companies [J]. Oganization Science, 2002 (13): 232 – 248.

[362] Hardin Russell. Trust and Governance [M]. New York: Russell Sage Foundation, 2004.

[363] Herriot Peter, Pemberton Carole. New Deals: The Revolution in Managerial Careers [M]. John Wiley & Sons, 1995.

[364] Hung C F. The Politics of Electronic Social Capital and Public Sphere in Chinese LaLa Community: Implications for Civil Society [J]. International Journal of China Studies, 2011, 2 (02): 369 – 388.

[365] Inkpen A, Currall S C. The Nature, Antecedents and Consequences of Joint Venture Trust [J]. Journal of International Management, 1998, 4 (01): 1 – 20.

[366] J Charkham. Corporate Governance: Lessons from Abroad [J]. European Business Journal, 1992, 4 (02): 8 – 17.

[367] Jin X H, Yng Ling F Y. Model for Fostering Trust and Building Relationships in China's Construction Industry [J]. Journal of Construction Engineering and Management, 2005, 131 (11): 1224 – 1232.

[368] Johnson W B Young, S Mark Y, Michael W. Managerial Reputation and the Informativeness of Accounting and Market Measures of Performance [J]. Contemporary Accounting Research, 1993, 10 (01): 305 – 332.

[369] Kadefors A. Trust in Project Relationships—inside the Black Box [J]. International Journal of project management, 2004, 22 (03): 175 – 182.

［370］Karahanna E, Preston D S. The Effect of Social Capital of the Relationship Between the CIO and Top Management Team on Firm Performance ［J］. Journal of Management Information Systems, 2013, 30 (01): 15 – 55.

［371］Kickul J, Lester S W. Broken Promises: Equity Sensitivity as Moderator between Psychological Contract Breach and Employee Attitudes and Behavior ［J］. Journal of Business and Psychology, 2001 (16): 191 – 217.

［372］Knoke David. Organizational Networks and Corporate Social Capital ［J］. Corporate Social Capital and Liability, 1999, 77 (04): 1694 – 1696.

［373］Kramer R M, Brewer M B, Hanna B A. Collective Trust and Collective Action: The Decision to Trust as a Social Decision ［M］. Trust in organizations: Frontiers of theory and research, in RM Kramer & TR Tyler (Eds.), Thousand Oaks, CA: Sage Publications, 1996: 357 – 389.

［374］Kreps D M, Wilson R. Reputation and Imperfect Information ［J］. Journal of Economic Theory, 1982, 27 (02): 253 – 279.

［375］Krishna A. Contents: Active Social Capital Tracing the Roots of Development and Democracy ［J］. Baillières Clinical Gastroenterology, 2002, 7 (02): 519 – 545.

［376］Lafferty B A, Goldsmith R E. Corporate Credibilitys' Role in Consumers, Attitudes and Purchase Intentions When a High versus a Low Credibility Endorser is Used in the Ad ［J］. Journal of Business Research, 1999 (44): 109 – 116.

［377］Landry R, Amara N. Does Social Capital Determine Innovation? to What Extent ［J］. Technological Forecasting & Social Change, 2002 (69): 33 – 56.

［378］Larue Tone Hosmer. Trust: The Connecting Link between Organizational Theory and Philosophical Ethics ［J］. Academy of Management Review, 1995, 20 (02): 379 – 403.

［379］Lee C, Tinsley C H, Chen G Z. Psychological Normative Contract of Work Member in the US and Hong Kong ［J］. Psychological Contract in Employment: Cross – national Perspective, 2000 (02): 231 – 237.

［380］Lee Edwards. Rethinking Power in Public Relations ［J］. Public Relations Review, 2006, 32 (3): 229 – 231.

[381] Levinson H, Price C R, Munden K J, et al.. Men, Management and Mental Health [M]. Cambridge: Harvard University Press, 1962.

[382] Lewicki R J, McAllister D J. Trust and Distmst: New Relationships and Realities [J]. Academy of Management Review, 1998, 23 (03): 438 – 458.

[383] Li P. Social Tie, Social Capital and Social Behavior: toward An Integrative Model of Informal Exchange [J]. Asia Pacific Journal of Management, 2007 (24): 227 – 246.

[384] Lin N. Building A Network Theory of Social Capital [J]. Connections, 1999 (22): 28 – 51.

[385] Lizardo O. How Culture Tastes Shape Personal Networks [J]. American Sociology Review, 2006 (71): 778 – 807.

[386] Luhman N. Trust and Power [M]. Chichesrer: John Wiley & Sons Ltd, 1979.

[387] M Aoki. The Cooperative Game Theory of the Firm [M]. London: Oxford University Press, 1984.

[388] M B E Clarkson. A Stakeholder Framework for Analyzing and Evaluating Corporate Social Performance [J]. A Cademy of Management Review, 1995, 20 (01): 92 – 118.

[389] MacNeil I R. Relational Contract: What We Do and Do not Know [J]. Wisconsin Law Review, 1985 (10): 483 – 525.

[390] Mark H Hansen, J L Morrow, Juan C Batista. The Impact of Trust on Cooperative Membership Retention, Performance and Satisfaction: An Exploratory Study [J]. International Food and Agribusiness Management Review, 2002, 5 (01): 41 – 59.

[391] Maurer I. How to Build Trust in Inter – organizational Project: The Impact of Project Staffing and Project Rewards on the Formation of Trust, Dnowledge Acquisition and Product Innovation [J]. International Journal of Project Management, 2010, 28 (07): 629 – 637.

[392] Mayer R C, Davis J H, Schoorman F D. An Integrative Model of Organiza-

tional trust ［J］. Aeademy of Management Review, 1995 (20): 709 – 734.

［393］ McAllister D J. Affect and Cognition Based Trust as Foundations for Personal Cooperation in Organizations ［J］. Academy of Management Journal, 1995, 38 (01): 24 – 59.

［394］ Michale Williams. In Whom We Trust: Group Membership as An Affective Context for Trust Development ［J］. The Academy of Management Review, 2001, 26 (03): 377 – 396.

［395］ Millward L J, Hopkins L J. Psychological Contracts, Organizational and Job Commitment ［J］. Journal of Applied Social Psychology, 1998, 28 (16): 1530 – 1556.

［396］ Mitchell A, Wood D. Toward A Theory of Stakeholder Identification and Salience: Defming the Principle of Whom and What Really Counts ［J］. Academy of Management Review, 1997 (04): 853 – 886.

［397］ N Luhmann. The Creative Use of Paradoxes in Law and Legal History ［J］. Journal of Law and Society, 1988, 15 (02): 153 – 165.

［398］ Nahapiet J, Ghoshal S J. Social Capital, Intellectual Capital and the Organizational Advantage ［J］. The Academy of Management Review, 1998, 23 (02): 242 – 266.

［399］ Ochieng E G, Price A D F. Managing cross – cultural Communication in Multicultural Construction Project Teams: The Case of Kenya and UK ［J］. International Journal of Project Management, 2010, 28 (05): 449 – 460.

［400］ P S Adler, S W Kwon. Social Capital: Prospects for A New Concept ［J］. Academy of Management Review, 2002, 27 (01): 17 – 40.

［401］ Popp L, Zhou K Z, Ryu S. Alternative Origins to Interorganizational Trust: An Interdependence Perspective on the Shadow of the Past and the Shadow of the Future ［J］. Organization Science, 2008, 19 (01): 39 – 55.

［402］ Portes A. Social Capital: Its Origins and Applications in Modern Sociology ［J］. Annual Review of Sociology, 1998 (24): 1 – 24.

［403］ Putnam R. Social Capital and Public Life ［J］. American Prospect,

1993, 4 (13): 35 - 42.

[404] Putnam Robert D. Bowling alone: America's Declining Social Capital [J]. Journal of Democracy, 1995, 6 (01): 65 - 78.

[405] Quiggin J. A Theory of Anticipated Utility [J]. Journal of Economic Behavior & Organization, 1982, 3 (04): 320 - 343.

[406] R Allen, Hays, et al.. Neighborhood Attachment, Social Capital Building and Political Participation: A Case Study of Low - and Moderate - income Residents of Waterloo, IOWA [J]. Journal of Urban Affairs, 2007, 29 (02): 181 - 205.

[407] R E Freeman. Strategic Management: A Stakeholder Approach [Z]. Boston: Pitman, 1984.

[408] R Morck, D Stangeland, B Yeung. Inherited Wealth, Corporate Control and Economic Growth: The Canadian Disease, Concentrated Corporate Ownership, National Bureau of Economic Research Conference Volume [M]. Chicago: University of Chicago Press, 2000.

[409] Richard D. Whitley. The Social Construction of Business Systems in East Asia [J]. Organization Studies, 1991, 12 (01): 1 - 28.

[410] Roberts P W, Dowling G R. Corporate Reputation and Sustained Sustained Superior Financial Performance [J]. Strategic Management Journal, 2002 (23): 1077 - 1093.

[411] Robertson D C, Nicholsom N. Expressions of Corporate Social Responsibility in U. K. Firms [J]. Journal of Business Ethics, 1996, 15 (10), 1095 - 1106.

[412] Robinson S L, Rousseau K D M. Changing Obligations and the Psychological Contract: A Longitudinal Study [J]. Academy of Management Journal, 1994, 37 (01): 137 - 152.

[413] Rosen S, W Cochran, L M Musser. Reactions to a Match Versus Mismatch between an Applicant's Self - presentational Style and Work Reputation [J]. Basic and Applied Social Psychology, 1990, 11 (02): 117 - 129.

[414] Rousseau D M, Sitkin S B, Burt R S, et al.. Not so Different After All: A Cross - discipline View of Trust [J]. Academy of Management Review, 1998, 23

（03）：393 –404.

［415］Rousseau D M, Tijorimala S A. It Takes a Good Reason to Change a Psychological Contract ［C］. San Diago Symposium at the SIOP Meetings, 1996（01）：289.

［416］Rousseau D M. Psychological and Implied Contracts in Organizations ［J］. Employee Responsibilities and Rights Journal, 1989, 2（02）：121 –139.

［417］Sako M. Prices, Quality and Trust：Interfirm Relation in Breitain and Japan ［M］. Cambridge, Endland：Cambridge University Press, 1992.

［418］Sandra L Robinson, Elizabeth W Morrison. Psychological Contracts and OCB：The Effect of Unfulfilled Obligations on Civic Virtue Behavior ［J］. Journal of Organizational Behavior, 1995, 16（03）：289 –298.

［419］Schein E H. Organizational psychology ［J］. Annual Review of Psychology, 1965, 18（01）：437 –466.

［420］Spector A J. Basic Dimensions of the Corporate Image ［J］. Journal of Marketing, 1961, 259（10）：47 –51.

［421］Spence M A. Market Signaling：Informational Transfer in Hiring and Related Screening Processes ［M］. Cambridge, MA：Harvard University Press, 1974.

［422］Totterdell P, Holman D, Hukin A. Social Networkers：Measuring and Examining Individual Differences in Propensity to Connect with Others ［J］. Social Networks, 2008, 30（04）：283 –296.

［423］Tsui A S, Pearce J L, Porter L W, et al.. Alternative Approaches to the Employee Organization Relationship：Does Investment in Employees Pay Off? ［J］. Academy of Management Journal, 1997（40）：1089 –1121.

［424］Tueker L, Melewar T C. Corporate Reputation and Crisis Management：The Threat and Manageability of Anti – corporatism ［J］. Corporate Reputation Review, 2005, 7（04）：377 –387.

［425］Tversky A, Kahneman D. Advances in Prospect Theory ［J］. Journal of Risk & Uncertainty, 1992, 5（04）：297 –323.

［426］Valentinov V. Toward a social capital theory of cooperative organization

[J]. Journal of Cooperative Studies, 2004, 37 (03): 5 – 20.

[427] W M Evan, R E Freeman. A Stakeholder Theory of the Modern Coopera-tion: A Kantian Analysis, Ethical Theory and Business, Englewood Cliffs [M]. N. J: Prentice Hall, 1993.

[428] Walker K. A Systematic Review of the Corporate Reputation Literature: Definition, Measurement and Theory [J]. Corporate Reputation Review, 2010, 2 (04): 357 – 387.

[429] Westlund H, Rutten R P J H, Boekema F W M. Social Capital, Distance, Values and Levels of Space [J]. European Planning Studies, 2010, 18 (06): 965 – 970.

[430] Weymark J A. Generalized Gini Inequality Indices [J]. Mathematical So-cial Sciences, 1981, 1 (04): 409 – 430.

[431] Whetten D A, Mackey A. Identity Congruence and Iits Implications for the Study of Organizational Reputation [J]. Business and Society, 2002, 41 (01): 393 – 414.

[432] Williamson O E. The Economic Institutions of Capitalism [M]. New York, NY: Free Press, 1985.

[433] Woolcock M. Social Capital and Economic Development: Toward A Theo-retical Synthesis and Policy Framework [J]. Theory & Society, 1998, 27 (02): 151 – 208.

[434] Woolcock M. Why and How Planners should Take Social Capital Seriously [J]. Journal of the American Planning Association, 2004, 70 (02): 183 – 189.

[435] Yli – Renko H, Autio E, Sapienza H J. Social Capital, Knowledge Acqui-sition, and Knowledge Exploitation in Young Technology – based Firms [J]. Strategic Management Journal, 2001, 22 (6/7): 587 – 613.

[436] Zueker L. Production of Trust: Institutional Sources of Economic Structure 1840 – 1920 [J]. Research in Organizational Behavior, 1986 (8): 53 – 111.

附件1　合作社基本情况调研问卷

一、合作社基本情况

1. 合作社的名称_____，地址_____，合作社创立的年份_____。

2. 合作社等级_____

A. 省级示范合作社　　　B. 市级示范合作社　　　C. 其他

3. 合作社工商注册登记情况

注册登记时间_____；注册资金_____万元；总共_____股。社员实际出资总额（万元）_____；合作社注册社员人数_____；入股社员数_____。

4. 合作社类型为_____

A. 生产合作社　　　　　B. 流通合作社　　　　　C. 信用合作社

D. 服务合作社

5. 组织合作社成立的主导力量_____

A. 政府相关部门领办　　B. 龙头企业领办　　　　C. 能人领办

D. 农户自发组织　　　　E. 其他（请注明）_____

6. 合作社承担的主要工作是（多选）_____

A. 生产资料供应服务　　B. 农产品销售　　　　　C. 农机推广

D. 提供市场信息　　　　E. 农产品储藏

F. 农产品销售运输　　　G. 农产品加工　　　　　H. 其他

二、合作社目前的经营发展情况_____

三、合作社内部管理情况

1. 社员入社的基本条件是_____

2. 近一年有没有社员退社（A. 没有　　B. 有），退社的原因是_____

3. 合作社社员主要来自_____

A. 本村　　　B. 跨村本乡（镇）内　　　C. 跨乡（镇）本县（市、区）内

D. 跨县（市、区）本地市内　　　E. 跨地市本省内　　　F. 跨省本国内

4. 成员加入合作社的方式_____

A. 资金入股　　　B. 土地入股　　　C. 技术入股　　　D. 其他方式_____

5. 是否与社员签订有稳定的购销合同_____　　A. 是　　　B. 否

6. 合作社是否以优惠的价格提供农资_____　　A. 是　　　B. 否

7. 合作社有没有通过向非社员提供服务来获取盈利_____

A. 没有　　　B. 有

8. 是否设立有社员（代表）大会_____（A. 是　B. 否）；本年度社员（代表）大会共召开_____（次）。

9. 是否设立有理事会_____（A. 是　　B. 否）；理事会成员数_____（人），其中，农民社员_____（人）。

是否设有监事会_____（A. 是　　　B. 否）；本年度监事会召开次数_____（次）。

10. 合作社本年度可分配盈余的分配方式_____

A. 按照交易额返还　　　B. 按股返还　　　C. 两者结合

11. 合作社对重大事项进行决策机制是什么？

12. 合作社已经建立了哪些规章制度建设，已经建立的规章制度能够有效地帮助社长进行经营管理工作吗？还存在哪些问题？

13. 为提高合作社的经营管理效率，还需要做哪些工作？

附件2 社长声誉调查问卷

附件2–1 社长声誉调查——社长问卷

1. 在未当社长以前，您的工作经历有_____

A. 当兵 　B. 外出打工 　C. 务农 　　D. 政府任职

E. 企业工作 　F. 其他（请注明）_____

2. 除了合作社的工作，您有没有兼业做其他的事情赚钱呢？_____

A. 有 　B. 没有

如果有兼业的，在哪上班_____ A. 在家附近，回家居住 　B. 离家较远，不在家居住

如果离家较远，农忙时是否回家帮忙_____ A. 是 　B. 否

3. 除了社长职务以外，您还担任哪些职务？_____

4. 根据以往工作开展情况，当您对关于合作社的相关事务做出了安排和决定，需要合作社成员来配合您时，他们会积极地来完成您所安排的事情吗？

如果会，请您对他们所做的工作作出评价：

如果不会，您认为是什么原因造成的？

您觉得您自己还需要做出哪些方面的改变从而能够让合作社的每个成员和与合作社经营有关的合作者愿意按照您的要求，自愿并努力完成工作？

附件 2-2 社长声誉调查——利益相关者问卷

（一）受访者基本情况

1. 您和合作社社长的关系_____

A. 直系亲属关系   B. 其他亲属关系   C. 邻居关系

D. 亲密朋友关系   E. 一般朋友关系

F. 仅仅是认识，一般熟人关系   G. 不怎么熟，陌生人

2. 合作社社长属于下面哪种类型？_____

A. 支持型。社长关心大家的福利和需求，十分平易近人，易于相处

B. 指导型。社长做事严谨，会严格按照规章制度和计划执行工作，并且会详细地告诉大家的工作安排

C. 参与型。社长尊重大家的意见和建议，能够和大家一起做出决定和安排

D. 成就导向型。社长鼓励大家不断进取，帮助大家不断实现自己的目标

3. 您通过下面哪些途径听说并了解的合作社？_____

A. 有熟人加入   B. 村委会宣传   C. 新闻媒体报道

D. 熟人介绍   E. 公司企业介绍

F. 其他（请注明）_____

4. 如果社长需要您配合完成工作，您会以积极的态度迅速执行并完成社长所安排的事情吗？   A. 会   B. 不会

如果您会，您觉得您是基于什么原因采取这样的行动呢？不会，又是因为什么呢？

当社长制定的决策与您的想法冲突的时候，您还会欣然接受社长的安排，全力执行吗？

5. 整体而言，您觉得社长是一个十分有威信的人吗？您希望社长在哪些方面再做进一步完善？

（二）社长声誉调查——利益相关者评价量表

请您根据社长在平时的日常表现进行评价打分，在相应的选项下面打"√"。

结构变量	维度	角色	请对下面的问题做出您的判断和评价	完全不同意	不同意	不好判断	比较同意	完全同意
社长声誉	社长能力	领袖角色	社长具有很高的敏锐性，善于捕捉市场机会					
			社长能够根据环境的变化，对合作社的发展方向、发展模式等问题做出适应性调整					
			社长能够根据环境变化，对合作社各项活动做出决策时有自己的主张，不容易被人左右					
			对重要紧急的问题，社长总是作出迅速判断，拿准主意					
			社长制定了合作社发展规划，未来工作方向十分明了					
			社长清楚了解自己的实力，没有做超出自己能力范围之内的事情					
			在危急时刻，社长能够沉着冷静处理好这些紧急事件					
			社长善于挖掘人的长处，并能够合理安排工作					
			在对方有过失的情况下，社长依然能够做到尊重他/她					
			社长能够将合作社的目标进行有效分解，合理分配工作和人员，从而成功达成目标					
			社长所分配的工作总是能够让所安排的人员满意并迅速执行					

结构变量	维度	角色	请对下面的问题做出您的判断和评价	完全不同意	不同意	不好判断	比较同意	完全同意
社长声誉	社长能力	关系协调者角色	社长的朋友圈子很大，人脉关系广泛					
			社长结交的人没有不良社会影响，往往值得信赖					
			当合作社遇到困难的时候（如资金短缺、销售难、技术缺失等），能得到社长社交圈子的帮助					
			社长重视沟通交流，善于听取意见和建议，并以此指导自己的行为					
			社长能够顺利化解工作和生活中遇到的纠纷和问题，最终的处理结果总是让人十分满意					
		革新者角色	社长能启用新眼光看待老问题，提倡创新					
			只要是对合作社的发展有好处的东西，社长都勇于尝试，做出改变					
			社长引进了新的技术、先进设备、新的生产模式等到合作社中					
			社长的尝试都取得了不错的效果，得到了一致好评					
		动员激励者角色	社长善于通过物质奖励、语言肯定和赞美等多种方式进行鼓励，以此鼓舞士气					
			社长注重对表现优异的人的奖励，致力于各种奖励制度的建设和实施					
			社长会开导在生活和工作中遇到困难的人					
			社长经常展示合作社的发展前景，以此增加合作信心和希望					
	管理业绩	利益代言人	社长积极推动生产技术，使其得到了应用推广					
			在社长的带领下，合作社效益得以不断提升					
			在社长的带动下，合作社成员和带动的农户不断增加，合作社规模逐渐扩大					
			社长热爱合作社，总是在不同的场合积极宣传合作社					
			社长充分考虑各方面需求，照顾各方面利益					
			当因为社长的原因给他人造成损失时，社长会表现得十分愧疚和懊悔					

续表

结构变量	维度	角色	请对下面的问题做出您的判断和评价	完全不同意	不同意	不好判断	比较同意	完全同意
社长声誉	管理业绩	团队凝聚者	社长具有很强的带动作用，在他/她的带领下，总是能够顺利地完成工作					
			社长不以个人为中心，会主动配合工作，整个合作过程会让人体验到一种成功和快乐的感觉					
			社长营造了和谐工作氛围，合作社内部十分团结					
			只要社长需要，就能够得到四面八方的帮助和支持					
			社长是引以为豪的榜样，是合作的良好选择					
	社会影响	伦理道德楷模	社长做事情公平公正，不搞差异化					
			社长主动传递关怀行为，让人觉得贴心温暖					
			社长平时诚信待人，说到做到					
			社长依法经营，依法承担各种法定义务，遵守道德原则和法规					
			社长不以职权的便利谋取私利					
			社长能够很好地控制自己的情绪					
			社长吃苦耐劳，为合作社的发展奉献了很多精力					
		社会贡献者	社长愿意并尽个人所能为周边群众提供就业岗位					
			社长重视社区人文建设，热心参与并协助当地文化活动的开展					
			社长对公益慈善事业表现出极大的热情，经常为其贡献自己的一份力量					
			社长具有较强的环境保护意识，积极宣传关于环保的措施和方法，并将其运用于实践中					
			社长受到过国家/省/市/地区的表彰奖励					
			社长具有较高的知名度，当地大部分人都认识社长					

附件3 合作社内部信任建立及深化调查问卷

附件 3-1 社员基本情况

1. 您家的主要收入来源是＿＿＿＿＿ A. 农业 B. 非农业（主要是哪方面收入＿＿＿＿＿）

2. 您目前除了参加合作社是否还有其他收入来源？＿＿＿＿＿

A. 有 B. 没有

3. 您家在当地的收入水平属于以下哪种情况？＿＿＿＿＿

A. 很高 B. 比较高 C. 一般水平 D. 低 E. 很低

4. 您和合作社社长的关系＿＿＿＿＿

A. 直系亲属关系 B. 其他亲属关系 C. 邻居关系

D. 亲密朋友关系 E. 一般朋友关系

F. 仅仅是认识，一般熟人关系 G. 不怎么熟，陌生人

5. 您如何了解并加入的合作社？＿＿＿＿＿

A. 合作社动员 B. 政府动员 C. 看到了其他人的好处，自己要求参加

6. 您通过何种方式加入的合作社？＿＿＿＿＿

A. 现金入股 B. 产品入股 C. 土地入股

D. 技术入股　　　　　　　E. 其他方式入股　　　　F. 未入股

7. 您有没有与合作社签订协议或者合同_____　A. 没有　　　B. 有

8. 您加入合作社以后经济变化怎么样_____

A. 变得很差　　　　　　　B. 变得有点差　　　　C. 基本一样

D. 变得好点　　　　　　　E. 变得非常好

9. 您是否愿意留在合作社，您觉得您愿意留下来的主要原因是什么？

10. 您认为您和社长的关系怎么样？您对于现在社长的工作还有哪些方面不满意？希望社长做出哪些改正和努力？

附件 **3 - 2** 　社员对社长信任建立的评价量表

请您根据您和社长相处后的印象和感觉对社长进行评价打分，在相应的选项下面打"√"。

结构变量	维度	请对下面的问题做出您的判断和评价	完全不同意	不同意	不好判断	比较同意	完全同意
社长与内部信任建立	信任感知	社长拥有较强的专业技术，能够指导您的日常生产					
		社长拥有较高的文化水平，知识面广，能够为您提供全面的信息咨询					
		社长拥有较好的身体素质，身体强壮，能够吃苦耐劳					
		社长拥有良好的心理素质，乐观向上，总是镇定自如、从容不迫					
		社长具有很强的能力，受到一致称赞					
		社长把合作社经营得十分好，合作社的发展是有目共睹的					
		社长是一个十分讲信用的人，受到一致好评					
		社长是一个善良踏实的人，在交往中能够以心换心					

结构变量	维度	请对下面的问题做出您的判断和评价	完全不同意	不同意	不好判断	比较同意	完全同意
社长与内部信任建立	信任感知	由于合作社在当地具有一定威望，无论社长是谁您都会觉得他/她是可靠的					
		合作社发展势头良好，内部规章制度完善，您相信这样的合作社社长更加可靠					
		您以前便与社长接触过，对他/她的印象不错					
		您通过媒体、别人宣传等多种方式对社长有所了解，比起其他人您愿意和他/她有下一步合作					
		社长周围有一个强劲的团队，能够为完成工作提供支持					
		社长具有很强的执行能力，他/她负责的工作都能够做得很好					
		合作社社长具有较强的经济实力，能够支持合作社的发展					
		社长和您是亲戚/朋友/邻居等关系，因此您会对他/她更熟悉，更愿意支持其工作					
		社长和您都是同一个地区的人，您觉得这样会感觉更亲切，值得与其合作					
	合作维持	社长能够与您共享技术、市场等相关信息，会尽力为您提供各种帮助和服务					
		当您遇到产品滞销、市场不景气等问题时，社长会积极想办法为您解决问题，减少您的风险					
		您与社长保持有稳定的交易合作关系，没有发生过违背对方意愿的事情					
		当您与社长发生冲突时，社长总是能够从您的角度出发考虑，合理解决冲突并让您满意					
		您经常参加合作社成员大会，并且能够在会上畅所欲言，也敢于指出社长做得不好的地方					
		您能够及时了解关于合作社的内部信息，对于合作社发生的事情都有所了解					

右上角：续表

结构 变量	维度	请对下面的问题做出您的判断和评价	完全 不同意	不 同意	不好 判断	比较 同意	完全 同意
社长与内部信任建立	合作维持	您能够很方便地与社长交谈，及时表达自己的意见和观点					
		只要是社长安排的工作，您都会积极支持，迅速执行					
		您会主动配合社长安排的工作，并且愿意做额外的工作					
		社长所做的工作、提供的服务和帮助符合您的预期					
		整个和社长的合作过程，让您觉得十分轻松愉悦					
		通过和社长的接触和交流，您和他/她的关系更进一步					
		有需要，您愿意对合作社进行更多的投资					
		即使合作社现在的效益不佳，但是您认为损失只是暂时的，相信社长能够改变现有的局面					
		作为合作社的一分子，您愿意与其同承担风险					
	情感认同	您觉得社长为合作社的发展和大家的利益尽了最大努力					
		您相信合作社会在社长的带领下发展得越来越好					
		您十分相信社长说的话和做的事					
		您喜欢社长，他/她给您的生活提供了便利和快乐					
		如果社长离开合作社，您会感觉失落和伤心					
		您十分愿意向社长如实反馈自己在工作中的困扰，即使对您不利					
		当您向社长寻求帮助时，您也同时会寻求其他帮助途径					
		当合作社效益不好的时候您依然会留在合作社，与其共同进退					
		您会向身边的朋友推荐合作社，鼓励他们加入					
		您不会传播对社长不利的信息，当听到别人说社长的坏话会出面劝阻					
		如果有其他的合作社邀请您加入，您会因为社长的原因依然选择继续留在合作社					

附件 3-3 社员对社长关系质量评价量表

请您根据您和社长相处后的印象和感觉对社长进行评价打分，在相应的选项下面打"√"。

结构变量	维度	请对下面的问题做出您的判断和评价	完全不同意	不同意	不好判断	比较同意	完全同意
关系质量	关系满意	社长拥有较高的文化水平，知识面广，能够为您提供全面的信息咨询					
		社长拥有较强的专业技术，能够指导您的日常生产					
		社长拥有较好的身体素质，身体强壮，能够吃苦耐劳					
		社长拥有良好的心理素质，乐观向上，总是镇定自如、从容不迫					
		社长具有很强的能力，受到一致称赞					
		当您遇到产品滞销、市场不景气等问题，社长会积极想办法为您解决问题，减少您的风险					
		您能够及时了解关于合作社的内部信息，对于合作社发生的事情都有所了解					
		您喜欢社长，他/她给您的生活提供了便利和快乐					
		社长把合作社经营得十分好，合作社的发展是有目共睹的					
		社长所做的工作、提供的服务和帮助符合您的分配预期					
		整个和社长的合作过程，让您觉得十分轻松愉悦					
		您觉得社长为合作社的发展和大家的利益尽了最大努力					
	关系联结	社长具有很强的执行能力，他/她负责的工作都能够做得很好					
		您十分相信社长说的话和做的事					
		合作社发展势头良好，内部规章制度完善，您相信这样的合作社社长更加可靠					
		通过和社长的接触和交流，您和他/她的关系更进一步					
		社长是一个十分讲信用的人，受到一致好评					

续表

结构变量	维度	请对下面的问题做出您的判断和评价	完全不同意	不同意	不好判断	比较同意	完全同意
关系质量	关系联结	您与社长保持有稳定的交易合作关系，没有发生过违背对方意愿的事情					
		您相信合作社会在社长的带领下发展得越来越好					
		即使合作社现在的效益不佳，但是您认为损失只是暂时的，相信社长能够改变现有的局面					

附件 3-4　社员对社长信任深化关系量表

请您根据您和社长相处后的印象和感觉对社长进行评价打分，在相应的选项下面打"√"。

结构变量	维度	请对下面的问题做出您的判断和评价	完全不同意	不同意	不好判断	比较同意	完全同意
社员信任深化	情感忠诚	由于合作社在当地具有一定威望，无论社长是谁您都会觉得他/她是可靠的					
		您十分愿意向社长如实反馈自己在工作中的困扰，即使对您不利					
		您习惯了在社长的指导下完成各项工作，离开了社长您会觉得无所适从					
		你很认同社长的能力，认为社长能够把合作社管理得很好					
		社长和您都是同一个地区的人，您觉得这样会感觉更亲切，值得与其合作					
	行为忠诚	当您向社长寻求帮助时，您也同时会寻求其他帮助途径					
		您能够很方便地与社长交谈，及时表达自己的意见和观点					

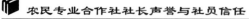

续表

结构变量	维度	请对下面的问题做出您的判断和评价	完全不同意	不同意	不好判断	比较同意	完全同意
社员信任深化	行为忠诚	您经常参加合作社成员大会，并能在会上畅所欲言，也敢于指出社长的对错					
		有需要，您愿意对合作社进行更多的投资					
		您会主动配合社长安排的工作，并且愿意做额外的工作					
		如果有其他合作社邀请您加入，您会因为社长的原因依然选择继续留在合作社					
	规范忠诚	您认为您有必要继续留在合作社，与社长一同努力，促进合作社发展壮大					
		您会向身边的朋友推荐合作社，鼓励他们加入					
		您不会传播对社长不利的信息，当听到别人说社长的坏话会出面劝阻					
		作为合作社的一分子，您愿意与其共同承担风险					
		当合作社效益不好的时候您依然会留在合作社，与其共同进退					

后　记

农民专业合作社作为新型经营主体的重要形式，是产业振兴的重要参与者，近年来受到国家及政府的高度重视并迅速发展。发挥合作社社长声誉在合作治理中的作用，帮助社长与社员之间建立稳固的心理契约，形成稳定的内部合作关系，对提升社员对社长的信任程度，增强合作社内部凝聚力，进行合作社内部有效治理有重要的指导意义。

稳定的内部合作关系建立是一个信任关系动态演化过程，从信任建立到信任深化的过程，并不是一蹴而就的；当信任关系建立后，也不一定能得到深化，形成信任忠诚。本书从社长声誉和成员间信任关系的"信任建立—信任深化"动态演进过程进行剖析。在信任建立阶段，以前景理论为基础，构建了成员间信任建立的"发生—强化—稳定"因果关系路径，从信任感知、合作维持和情感认同三大维度分析因果影响传导链上因素的影响程度和关系。在信任深化阶段，以心理契约理论为基础，构架影响信任深化的"心理契约感知—心理契约形成—心理契约履行"的因果关系路径，以关系质量作为中介变量，分析社长声誉、关系质量和社员信任深化之间的因果影响传导关系。本书为加强社长声誉的自我管理、实现合作社社长和社员间信任形成到深化的快速转变、提高合作社治理效率提供了建议，另外，本书还从非制度建设方面为加强农民合作社内部治理、增加内部凝聚力、延续合作社后期发展提出可行性建议，为保障合作社的健康持续发展提供了参考建议。本书的研究成果被融入四川省中药材产业高质量发展的决策专报中，获得省政府尹力省长、尧斯丹副省长等多位领导批示。成果也为雅安市、宝兴县、遂宁市、巴中市等地市州，特别是雷波、屏山等贫困县的乡村振兴、产业园区建设提供了指导；成果还被应用到 10 余家国家级、省级农民合作社示范社的实际运营管理工作中。

本书参著的全体成员经过多年辛苦努力，在大量调研的基础上，针对研究中的难点和重点问题，反复研讨，提出了相关见解，并在理论基础上加以提炼、升华，逐步形成本书研究的基本逻辑和主要观点。本书的具体分工为：王燕、胡晓负责第 1 章；王燕、胡晓、唐曼萍负责第 2 章和第 3 章；刘宇荧、杨庆先负责第 4 章和第 5 章；王燕、傅新红、曾维忠、张社梅负责第 6 章；王燕、曾维忠、谢露、成鋈负责第 7 章；王燕、傅新红、杨覃负责第 8 章；傅新红、曾维忠、张社梅负责第 9 章。

在书稿即将付梓之际，笔者要向所有为本书编著提供支持和帮助的部门、专家、学生与同仁表示诚挚的感谢。感谢国家自然科学基金会、农业农村部、中央农办、四川省社科联的项目资助。感谢四川省农业农村厅及广元市、雅安市、江油市、利州区、龙泉驿区、汉源县、天全县、长宁县等多个县市区农业农村局在课题组调研中给予的大力支持和帮助。感谢四川农业大学管理学院、四川省农村发展研究中心各位领导和同事的大力支持，对研究开展给予高度重视和悉心指导。感谢实地调研过程中积极参加的刘丹、谢露、杨覃、龚莹、王雪舜、张唯一、徐杰、刘菡菁、张文梓伊等多位研究生和本科生，他们吃苦耐劳、严谨勤奋、团结友爱、无私奉献，为顺利完成一次又一次的调研任务奠定了坚实的基础。本书的最终完成，也借鉴了国内外众多专家学者的已有研究成果，在此一并致谢。

合作社是现在和未来农业农村发展关注的重点内容，有着丰富的研究成果，所谓仁者见仁，本书的观点难免有疏漏和不成熟之处，恳请学界同仁批评指正。

王燕　傅新红　曾维忠

2020 年 12 月